SCHLECHTER SEX

MIA MING

SCHLECHTER SEX

33 Frauen berichten über
ihre lustigsten, peinlichsten
& absurdesten Erlebnisse

Schwarzkopf & Schwarzkopf

*Für Tanja und
meine Kreuzberger Jungs*
MIA MING

Inhalt

Ich wünsch dir
Tausend Jahre schlechten Sex
Und, dass du dabei verreckst
An den Pocken und der Pest
Wenn du mich verlässt
FARIN URLAUB

LIEBE MÄDCHEN UND FRAUEN!

Die hier versammelten Geschichten sind alle wahr. Sie wurden mir von Mädchen und Frauen erzählt, die unterschiedlicher nicht sein konnten. Keine war wie die andere. Die Hintergründe meiner Erzählerinnen reichen von jung bis alt, von Single bis ewig verheiratet, von spießig bis sehr aufgeschlossen.

Letztendlich verband sie alle nur ein Thema: die Erfahrung von schlechtem Sex. Deshalb habe ich mich mit ihnen unterhalten. Damit sie mir über ein Thema berichten, das zwar jede kennt, von dem aber keine gerne spricht. Frauen sind harmoniebedürftige Wesen, im Zweifelsfall neigen sie zur Selbstbezichtigung. Wenn im Bett etwas schiefläuft, sind gerne wir Frauen die Schuldigen. Das passt den Männern ganz gut, deshalb dürfen wir von dieser Seite keine Richtigstellung erwarten. Das Problem ist nur, eine solche Richtigstellung ist dringend notwendig. Dieses Buch soll sie liefern.

»Schlechter Sex« nennt das Kind beim Namen: Die Männer sind schuld! Sie überbieten sich gegenseitig an Inkompetenz und Unfähigkeit, besitzen weder Taktgefühl noch Einfühlungsvermögen, sind ignorant, tollpatschig, und ihre Eitelkeit kennt keine Grenzen. Und wir Frauen müssen diese Katastrophe ausbaden!

Dieses Buch fasst in 33 Erfahrungsberichten die schlimmsten Sünden zusammen, die ein Mann beim Sex begehen kann. Viele der Berichte entbehren nicht einer gewissen Komik, und das ist gut so. Denn im Rückblick kann ich meinen Leserinnen nur einen guten Rat geben: Nehmt die Männer nicht so ernst, sie können leider nicht anders!

Berlin, im Frühjahr 2008   *Mia Ming*

LIEBE JUNGEN UND MÄNNER!

Natürlich sollen diese Geschichten auch zu eurer Unterhaltung beitragen. Gerne dürft ihr euch über eure Artgenossen amüsieren und ungläubig den Kopf schütteln. Aber vergesst nicht den praktischen Nutzen dieses Buches als Handlungsanleitung zum Bessermachen!

Gerade wenn ihr meint, etwas Besonderes zu sein, nicht als onanistische Primaten durchs Leben stolpert und euch völlig der Egomanie hingebt, dann hält »Schlechter Sex« einige nützliche Ratschläge bereit. Wenn ihr den Anspruch erhebt, das schwache Geschlecht wenigstens gelegentlich zu erfreuen, dann meidet die Todsünden des schlechten Sex.

Und wenn ihr doch einmal ins Fettnäpfchen tretet, könnt ihr in »Schlechter Sex« nachlesen, wie das Urteil eurer Eroberung darüber ausfällt und ob vielleicht Hoffnung auf eine zweite Chance besteht. So konservativ es klingt, besinnt euch auf die traditionellen Tugenden des Gentleman, zeigt Wertschätzung und Verehrung für eure Auserwählte, macht sie zum Mittelpunkt des Universums.

Natürlich könnt ihr es auch bleiben lassen, aber glaubt mir, es lohnt sich. Das Leben ist ungerecht, grausam und anstrengend. Täglich hält es neue Rückschläge und Enttäuschungen bereit. Wir Frauen wissen, wie es trotzdem Spaß machen kann. Verderbt es euch nicht mit uns, denn wenn ihr uns besonders glücklich macht, machen wir euch auch besonders viel Spaß!

Deshalb auch ein kleiner Rat für meine Leser: Nehmt euch nicht zu ernst, Frauen können auch anders.

Berlin, im Frühjahr 2008　　　　　　　　　　　　　*Mia Ming*

BIST DU DABEI?

Johanna (25), Parfümerieverkäuferin, Köln
über
Sebastian (28), Berufsschullehrer, Köln

Sebastian und ich waren seit anderthalb Jahren zusammen und ich war noch immer sehr verliebt in ihn. Ich fand ihn so toll, dass ich mir gar nicht vorstellen konnte, wie es irgendjemandem, der ihn kennenlernte, anders gehen sollte. Aber ich bemühte mich, das nicht so sehr zu zeigen, meine Eifersucht zu unterdrücken und Sebastian nicht einzuengen. Meist gelang mir das ganz gut. Wenn er mich irgendwann einmal verließ, wäre das schlimm genug, auf gar keinen Fall wollte ich auch noch schuld daran sein.

Im Bett verstanden wir uns sehr gut. Zumindest dachte ich das. Bis Sebastian mir eines Abends, wir saßen gerade in einer Pizzeria, von seinen Wochenendplänen erzählte. Beinahe hätte ich mich an meiner Pizza verschluckt.

»Ich bin da per Zufall im Internet auf diesen Club gestoßen, der liegt etwas außerhalb. Das ist dort wirklich sehr gepflegt und geschmackvoll und vor allem ganz junges Publikum.«

Sebastian hielt inne und schaute mich erwartungsvoll an. »Per Zufall«? Ich bin noch nie per Zufall im Internet auf einen Swingerclub gestoßen. Per Zufall stößt man eigentlich auf gar nichts. Ich schwieg.

Mein Freund hatte mir in den letzten Wochen immer mal wieder von Bekannten oder Kollegen erzählt, die gemeinsam mit ihren Freundinnen die Wochenenden in Swingerclubs verbrachten. Ich hatte nie weiter nachgefragt, das Thema interessierte mich nicht sonderlich, mich nur gewundert, warum es in Sebastians Bekanntenkreis plötzlich diese merkwürdige Mode gab und warum er so viel davon sprach. Nun wurde es mir klar.

»Das heißt natürlich nicht, dass ich dich nicht mehr so attraktiv finde«, erklärte er mir jetzt. Nein, das solle es nicht heißen, im Gegenteil. Aber unsere Beziehung brauche ein paar neue Impulse, wie er das nannte, die brauche jede Beziehung ab und an. Diese Erfahrung, neue attraktive Menschen kennenzulernen, würde uns sicherlich beiden sehr gut tun.

Eigentlich hatte ich die ganze Zeit nur eine Frage.

»Aber möchtest du denn mit diesen fremden Leuten richtig Sex haben?«

»Na ja, also, was heißt denn schon richtig Sex?« Wie es seine Art war, redete mein Freund erst eine Weile um das Thema herum, bevor er mir eine Antwort gab. Ja, das wollte er. Und ich auch, das wäre ihm wichtig. Klar würden wir das ganz langsam angehen, erst mal schauen, ob uns jemand gefiele. Aber es sei ja alles safe, mit Gummi und nach festen Regeln, da müsse ich mir gar keine Sorgen machen. Und er sei ja dabei.

So in der Art redete Sebastian noch eine ganze Weile auf mich ein, schilderte die Swingerwelt in den leuchtendsten Farben, während ich schweigend zuhörte und eine Zigarette nach der anderen rauchte. Ich hatte kein wirklich gutes Gefühl dabei. Sex mit Fremden, konnte man das überhaupt im Voraus so planen? Doch Sebastians Begeisterung, wenn auch nicht ansteckend, war dennoch überzeugend. Denn wie hätte ich ihm diesen Wunsch abschlagen können?

Also buchte Sebastian im Internet eine Party, gleich für das übernächste Wochenende. Man musste zuerst per Mail Bilder von sich an die Veranstalter senden und erhielt dann eine Einladung, oder auch nicht. Unsere Mail wurde noch am selben Abend beantwortet, wir dürften dabei sein. Bei der ersten Party musste man eine Gebühr bezahlen, durch die man automatisch zum Mitglied wurde, die folgenden Partys würden dann günstiger sein. Die halbe Nacht saß mein Freund vor Swingerclub-Seiten, betrachtete Fotos, las Regeln, Erlebnisberichte und Werbetexte. Ich lag allein vor dem Fernseher und schaute mir Filme an.

»Du brauchst doch sicher etwas Neues zum Anziehen?«, fragte Sebastian, als er mich am nächsten Tag von der Arbeit abholte, und führte mich in einen extrem überteuerten Wäscheladen. Er setzte sich in der dafür ausgerichteten Umkleidekabine auf einen Hocker und begann mich auszustaffieren. Stolz betrachtete er mich und ein ungutes Gefühl stieg in mir hoch. Doch ich verdrängte es. Was sollte auch schon passieren? Sebastian war ja bei mir und es würde mir vielleicht sogar gelingen, auf dieser Party Spaß zu haben … etwas zumindest.

An besagtem Wochenende fuhren wir also aufs Land. Ich war unsicher, ob ich das Richtige tat, doch Sebastians Vorfreude ließ sich nicht übersehen.

»Sie haben Ihr Ziel erreicht«, meldete das Navi nach einer guten Dreiviertelstunde, und wir hielten vor einem großen Haus, das etwas abgelegen von der Straße an einem Feldweg stand. Entlang des Weges parkten ein paar Autos, vielleicht zehn. Einige der Wagen waren tiefer gelegt, und ich sah mit Aufklebern verzierte Heckscheiben, auf denen »Uncle Sam« und »Golf Club Rosendorf« stand. Unwillkürlich musste ich schlucken.

Wir klingelten, nannten einem Türsteher unsere Namen und wurden drinnen von einer blonden Frau mittleren Alters in Empfang genommen.

»Hallo, Johanna! Hallo, Sebastian! Ich bin Elke. Ihr seid neu, wie ich gesehen habe, wie schön! Ich zeig euch erst mal alles«, begrüßte sie uns. Elke trug einen Bikini in Pink, an dessen Seiten lange rosa Bänder befestigt waren, die sie kunstvoll um Beine und Bauch drapiert hatte. Sie hätte sie besser nicht so fest geschnürt, denn sie schnitten unschön in ihr Fleisch. Elke sagte, wir seien zu früh, es seien bisher nur Mitarbeiter da, aber das sei nicht schlimm, dann könnten wir in Ruhe alles anschauen. Munter plaudernd lief sie vor uns her und tätschelte immer wieder ermutigend meinen Arm.

»Wie schön, wie schön! So hübsche junge Mädchen haben wir hier natürlich besonders gern!« Mir gruselte, doch Sebastian nahm das Kompliment mit erfreutem Nicken entgegen.

Elke brachte uns zuerst zu den Umkleideräumen, vor denen wir uns trennen mussten. Drinnen gab es Schränke für die Kleidung, wie im Fitnessstudio, vor denen vereinzelt nackte Frauen standen. Eine rieb ihren Körper gerade mit Selbstbräuner ein, eine andere saß breitbeinig auf einem Hocker und rasierte ihren Intimbereich. Ich beeilte mich, meine Kleidung auszuziehen und in Unterwäsche wieder raus zu Sebastian zu kommen, der in engen schwarzen Shorts an einem Stehtisch stand und auf mich wartete. Elke war auch schon da. Wieder lief sie vor uns her und zeigte uns die verschiedenen Bereiche, wobei sie uns stolz auf die »lückenlose Hygiene«, den »ausgezeichneten Service« und die »familiäre Atmosphäre« der Anlage hinwies. Zuerst führte sie uns zur Bar, wo wir stark alkoholhaltige Cocktails bekamen. Neben der Bar sah ich ein Büfett, um welches Stehtische angeordnet waren.

Eine Terrassentür führte nach draußen zu einem Whirlpool. Links der Bar ging es zum Kaminzimmer, dort standen Sofas und Pornofilme liefen auf Monitoren, die an den Wänden befestigt waren. Im Keller befand sich eine Sauna, im Untergeschoss eine Dusche für mehr als zwanzig Personen, wo einmal am Abend eine Schaumparty stattfand. Dort waren auch ein Dark-Room, ein Spiegelzimmer und der so genannte »Orgienraum«. Es gab

Wände mit Löchern, durch die man Hände oder auch primäre Geschlechtsteile stecken konnte, Räume mit Handschellen und Streckbänken, auch einen Gynäkologenstuhl sah ich. Ich war froh, dass der Club noch leer war, einige dieser Geräte wollte ich wirklich nicht in Benutzung sehen. Elke wies uns darauf hin, dass überall Handtücher, Kondome und Servietten auslägen. Am Ende des Rundgangs brachte sie uns zur Bar zurück. Mittlerweile waren die ersten Gäste eingetroffen. Ein junger Mann mit Ziegenbart und Brille stand in einem getigerten Tanga am Tresen und las einem braun gebrannten Muskelmann ein Horoskop aus einer Zeitung vor. Wir stellten uns neben die beiden und Elke bestellte neue Cocktails.

»Zur Lockerung«, sagte sie zwinkernd. Sie ging mir inzwischen enorm auf die Nerven. Sie sollte endlich verschwinden, damit ich mit Sebastian über all die gesehenen Scheußlichkeiten lästern konnte.

»Lass uns mehr trinken und warten, bis es voll wird«, wandte sich mein Freund an mich, sobald Elke weg war. »Wo fangen wir an? Ich bin ja dafür, gleich ins kalte Wasser zu springen, ganz oder gar nicht. Bist du dabei?«

Ich schwieg entgeistert. Es schien Sebastian hier immer noch zu gefallen, dabei war es genauso schrecklich, wie ich es mir immer in Swingerclubs vorgestellt hatte. Und es wurde nicht gerade besser. Immer mehr unförmige Gestalten tauchten auf, und mit ihnen häuften sich auch die erfüllten Klischees, die meine Erwartungen jedoch beileibe noch übertrafen. Ich sah aggressive Nacktheit. Ich sah in Beate-Uhse-Unterwäsche gepresste Körper, Piercings, die in Speckfalten verschwanden, grinsende Bluthochdruckgesichter, schnurrbärtige Glatzköpfe in Latexstrings, dickleibige Pensionäre in Unterhose, Socken und Schlappen. Die sonnenbankgebräunten Body-Builder-Klone, die aussahen wie die Orks aus »Herr der Ringe«, spendeten mir auch keinen Trost.

»Findest du nicht, dass hier komische Leute sind?«, fragte ich vorsichtig.

Doch Sebastian hatte sich einer Frau mit hochgeschnürten Brüsten zugewendet, die ihm jetzt lachend etwas ins Ohr flüsterte. Sie war in Begleitung eines durchtrainierten Jungen, der höchstens halb so alt war wie sie. Die beiden hießen Ronny und Petra und waren hier Stammgäste.

»Eins-A-Club, Eins-A-Publikum, Eins-A-Ambiente«, sagte Ronny gerade fachmännisch, während er mir unverhohlen lüsterne Blicke zuwarf. Petra tätschelte meinen Arm:

»Und du guck mal nicht so, Kleene. Wir werden dich schon nicht fressen!« Sie sah aus wie die böse Nachbarin aus »Rosemaries Baby«, und ich lächelte gequält zurück. Ich war mir da nicht so sicher. Nach dem fünften Cocktail schlugen Sebastians neue Freunde vor, gemeinsam ins Spiegelzimmer zu gehen. Dieser Raum sei nur Pärchen vorbehalten und bestimmt genau das Richtige zum Aufwärmen. Mein Freund warf mir einen flehentlichen Blick zu und bat: »Mir zuliebe?«

Immerhin begriff er, dass ich es ausschließlich seinetwegen in diesem Etablissement aushielt. Ergeben folgte ich ihnen in das untere Stockwerk, jetzt konnte ich keinen Rückzieher mehr machen. Wie der Name schon ankündigte, waren die Wände des Raumes mit Spiegeln ausgekleidet, einzelne Herren mussten draußen bleiben, konnten aber durch eine Vielzahl von Löchern in den Wänden hineinsehen. Es entging mir nicht, dass uns eine kleine Gruppe von Gästen, die uns schon die ganze Zeit observiert hatte, in sicherem Abstand folgte. Ron und Petra ließen sich auf großen Matratzen nieder und auch Sebastian zog mich mit sich auf eine Matratze, die an der Wand lag. Wir küssten uns und er legte meine Hand in seinen Schritt, wo sich seit geraumer Zeit eine bemerkenswerte Beule zeigte. Sebastian war sehr erregt und so versuchte ich, die befremdliche Umgebung, so gut es ging zu ignorieren. Ich schloss die Augen und konzentrierte mich nur auf ihn. Eine Weile ging das gut, bis eine laute Stimme direkt neben uns aus der Wand ertönte. »Ja, weiter so. Los geht's!« Vor dem Guckloch kauerte einer der einzelnen Herren auf allen vieren und feuerte uns lauthals an, wie ein Sportreporter. Als wir uns aufrichteten und ihn irritiert anblickten, verstummte er und schlich betreten davon. Ich wusste nicht, ob ich lachen oder weinen sollte.

»Ach, so Spinner gibt es immer, lasst euch nicht stören«, Petra, die mittlerweile auf Ronny saß, schien gänzlich unbeeindruckt.

»Ich würde ja eh lieber sofort richtig loslegen!«, sagte Sebastian zu mir. »Gehst du mit mir nach nebenan?« Der Orgienraum. Ich schluckte. Aber ich hatte mich ja darauf eingelassen, nun war es zu spät.

Wir betraten einen großen roten Raum mit gedämpftem Licht, der vollständig mit Matratzen ausgekleidet war, auf denen sich ineinander verkeilte, nackte Körper tummelten. Vielstimmiges Gestöhne erfüllte den Raum und der Geruch von Schweiß und Sex schlug uns entgegen. Der Anblick ließ mich erstarren, doch Sebastian griff nach meiner Hand und führte mich zu einem halbwegs freien Platz inmitten all der Leiber. Ich spürte, wie sich unzählige Augenpaare auf uns richteten, uns zwischen gespreizten Beinen und über fremde Schultern hinweg fixierten und begutachteten. Sebastian zog mich auf den Boden. Ich schloss sofort wieder die Augen, wollte nichts sehen, und ließ mich von ihm umarmen. Als ich die ersten fremden Hände auf mir spürte, störte mich das nicht so sehr, wie ich gedacht hatte. Hauptsache, Sebastian war bei mir. Er lag auf mir, hatte sich auf seinen Armen abgestützt und seinen Kopf über mein Gesicht gebeugt. Jetzt richtete er den Oberkörper auf und ich spürte, wie er sich mir langsam entzog. Vorsichtig öffnete ich ein Auge und sah, dass er ein blondgelocktes Mädchen küsste, das auf einem rotgesichtigen

Herrn saß und sich gefährlich weit zur Seite beugen musste. Jetzt sah ich auch Ronny, der neben mir kauerte, meine Brust befühlte und dabei an sich rumspielte. Direkt über mir stand Petra und zog mit ungeduldigem Gesichtsausdruck an Sebastians Schulter. Sie wollte ihn von mir wegziehen! Doch mein Freund hatte offensichtlich schon selbst eine Wahl getroffen: die Wahllosigkeit. Ein glatzköpfiges, tätowiertes Mädchen steckte ihm gerade ihre gepiercte Zunge in den Mund, während sich ihre Freundin an seinem Bauch hinunterleckte. Er rollte von mir runter, direkt in eine Gruppe Pärchen, die ihn wohlwollend in ihrer Mitte willkommen hießen.

Da schob sich ein Kopf in mein Blickfeld. Ein langhaariges Tarzanimitat mit eng zusammenstehenden Augen wollte mich küssen und näherte sich mir mit weit rausgestreckter Zunge. Mir schauderte. Nichts wie raus hier. Ich wich aus, schüttelte die gierigen Hände von mir ab, ignorierte das enttäuscht-entrüstete Gemurmel, das ich damit auslöste, und stand auf.

Sebastian bemerkte nicht einmal, wie ich den Raum verließ. Er hatte sich noch weiter von mir entfernt, lag nun auf einer rothaarigen Person, eingekeilt von nackten Frauenkörpern und schien völlig in seinem Element zu sein. Ich verließ das »Orgienzimmer«, setzte mich draußen auf eins der Zuschauersofas und beobachtete mit gebannter Faszination meinen Freund. Der Faszination des Grauens.

Sebastian war der Held des Abends. Ich sah ihn an diesem Abend mit circa sieben verschiedenen Frauen verkehren, eigentlich mit allen anwesenden, zumindest auf die eine oder andere Art. Ab und an blickte er sich suchend um, nach mir, wie ich annahm, doch stets wurde sein Kopf schnell wieder auf fremde Münder oder zwischen irgendwelche Schenkel und Brüste gedrückt. Ich konnte meinen Blick nicht von ihm wenden. Ich würde ihn nie wieder so sehen können wie zuvor. Ich verstand ihn nicht und ich wollte ihn auch nicht verstehen. Plötzlich war ich mir da absolut sicher. Das hier war nicht meine Welt. Seine offensichtlich schon, doch damit wollte ich nichts mehr zu tun haben.

Ab und an musste ich einen der einzelnen Herren vertreiben, die mich bei meinen Beobachtungen kurz unterbrachen, sonst blieb ich ungestört. Als Sebastian nach anderthalb Stunden schweißüberströmt und mit zitternden Knien aus dem »Orgienzimmer« trat, saß ich noch immer auf dem Sofa und blickte ihm entgegen. Erschöpft sank er neben mich auf den Sitz. Er stank.

»Vielleicht solltest du jetzt erst mal duschen?«, schlug ich sachlich vor und rückte etwas von ihm ab. »Und ich hoffe, es ist dir recht, wenn wir dann auch bald hier verschwinden? Ich möchte nach Hause.«

Er sah aus, als müsse man ihn stützen, doch das war mir egal. Festen Schrittes ging ich vor ihm her die Treppen hoch, an der Bar vorbei, geradewegs zu den Umkleideräumen. Er folgte mir wortlos. Auch die Rückfahrt verlief schweigsam. Ich fuhr. Ab und an blickte ich zu ihm rüber, doch er wich meinem Blick aus.

»Hat dir nicht so gefallen da, gell?«, fragte er nach einer Weile.

»Nö. Stimmt«, antwortete ich. »Das ist wohl eher deine Welt als meine.«

In der Stadt parkte ich das Auto vor seiner Wohnung, schüttelte Sebastian zum Abschied die Hand und fuhr dann allein mit der U-Bahn nach Hause. Ich hatte immer Angst gehabt, dass unsere Beziehung eines Tages vorbei sein könnte. Jetzt fühlte ich mich erlöst, der Bann war gebrochen.

UND SCHÖNES RESTLEBEN!

Nikola (34), Speditionskauffrau, Leipzig
über
Paul (27), Aushilfskraft, Leipzig

Paul arbeitete als Aushilfskraft in der Speditionsfirma, in der ich angestellt war. Er war sieben Jahre jünger als ich, groß und schlaksig und hatte bereits leicht schüttere blonde Haare, die er einen Tick zu lang trug. Er wirkte unsicher, lachte nervös und viel und hatte einen leicht gehetzten Blick. Morgens grüßte er immer freundlich und war ansonsten unauffällig und zurückhaltend. Etwas tollpatschig vielleicht. Ein Mensch, den man übersieht. Den man auch übersehen möchte. Solange man ihn übersehen kann … Oje, ich habe das völlig verdrängt, die Geschichte ist mir wahnsinnig peinlich. Ich erzähle das jetzt wirklich nur dir zuliebe.

Also wie gesagt, Paul war nicht gerade der Mann, vor dem man sofort auf die Knie gehen würde, im Gegenteil. Manchmal blieb er an meinem Schreibtisch stehen und wir plauderten über irgendwelche Belanglosigkeiten, Büro-Smalltalk halt, mehr hatten wir nicht miteinander zu tun. Dann kam die Weihnachtsfeier im Betrieb. Es ging mir zu dieser Zeit mehr als mies, denn Giorgio hatte mich gerade verlassen. Ich hatte herausgefunden, dass er mich betrog. Er hat es mit irgendeinem Flittchen aus seiner Agentur im Auto getrieben. Sein Handy hatte er dabei in der Jackentasche, und während des Gerangels kam er auf die Wiederwahltaste und hat bei mir angerufen. Kein Witz, mein Freund ruft mich an, ich geh dran und höre, wie er gerade mit einer anderen Frau fickt. »Baby, du bist so gut« und so ein Zeug und dazu ihr Gestöhne. Schlimmer als ein Schlag in den Magen! Und die Krönung war, dass nicht ich ihn dann rausgeschmissen habe, nein, er ist einfach abgehauen! Er hat nur einen Brief geschrieben, dass es ihm leid tue und es so das Beste für mich sei. Das Beste für mich, ha! Wie großzügig!

Mir ging es also dreckig, und ich wollte eigentlich gar nicht zu diesem Fest. Aber da ich ja leider pflichtbewusst bin, bin ich trotzdem hingegangen. Es war grässlich. Es gab Würstchen und Kartoffelsalat, mein Chef versucht uns das jedes Jahr erneut als »Tradition« zu verkaufen, dabei ist er nur geizig. Ich habe also kaum etwas gegessen, sondern mich an den Wein gehalten. Neben mir saß Paul, der mit seiner Fistelstimme auf mich eingeredet hat. Er hat all die Konzertbesuche seines bisherigen Lebens aufgezählt, ich hab kaum zugehört und nur ab und an mitleidig in seine Richtung genickt.

Wir haben gewichtelt, jeder Kollege musste einem anderen etwas schenken. Ich bekam einen Curry-Wurst-Gutschein über 5 Euro für den Imbiss auf unserem Hof. Ein wirklich herzerwärmendes Präsent. Zu all dem lief eine Mixkassette mit Weihnachts- und Karnevalsliedern. Ich könnte nicht sagen, was ich von beidem mehr verabscheue.

Als ein paar Kollegen vorschlugen, noch weiterzuziehen, sprang ich sofort auf und schloss mich ihnen an. Paul trottete mir hinterher. Unser Weg führte in eine überfüllte Kneipe in der Altstadt. Wir waren fast zehn Leute, weshalb wir lange auf einen Tisch warten mussten. Wir tranken solange Kurze am Tresen. Es war heiß, voll, eng und ich war sehr betrunken. Als wir endlich alle an einem großen Tisch saßen und über die Weihnachtsfeier und die Arbeit an sich herzogen, wurde es zeitweilig sogar richtig lustig.

Wir saßen im Türbereich, an der Fensterscheibe, durch die man auf eine kleine Gasse sehen konnte. Ich sah, wie sich von weitem ein Pärchen näherte, Hand in Hand. Irgendetwas an ihnen kam mir vertraut vor … Die beiden blieben kurz stehen, um sich leidenschaftlich zu küssen, dann gingen sie weiter und an unserem Fenster vorbei. Es war Giorgio mit seiner neuen Flamme. Schlagartig war meine gute Laune dahin, und Tränen stiegen mir in die Augen. Klar, es war schon vorher vorbei gewesen, aber ich hatte immer noch ein bisschen gehofft, dass er mich vermissen würde. Es tat höllisch weh zu sehen, dass dem nicht so war, es ihm offensichtlich sogar blendend ging.

»Was ist denn los, Nikola?« Paul, der neben mir saß, blickte mich fragend an. Ich schniefte. Als er mir tröstend seine Hand auf den Arm legte, brach ich gegen meinen Willen in Tränen aus. Dann erzählte ich ihm die ganze erbärmliche Geschichte, während meine Kollegen mich irritiert ansahen, so taten, als würden sie nichts bemerken oder ein wenig von uns abrückten. Heulen in der Öffentlichkeit wirkt nicht gerade anziehend.

Paul hörte mir mit weit aufgerissenen Augen zu und schüttelte immer wieder entrüstet den Kopf.

»Du bist so eine tolle Frau, Nikola. Du bist schlau und wunderschön, das hast du doch gar nicht nötig!«

»Findest du wirklich?«, schniefte ich.

»Aber ja, und du hast wunderschöne Haare. Und so schöne Augen.«

»Wirklich?« Ich heischte nach mehr und mehr Komplimenten, Pauls Worte und seine unverhohlene Bewunderung taten mir gut. Ich war betrunken und sentimental, und plötzlich fielen mir immer mehr Enttäuschungen ein, von denen ich ihm unbedingt erzählen wollte. »Schon mein erster Freund war nur mit mir zusammen, weil er in meine beste Freundin verliebt war …«, lallte ich, und Paul nickte verständnisvoll.

Meine Kollegen gingen nach und nach nach Hause, während ich mit Paul sitzen blieb, redete und trank. Er hörte mir zu, strich mir übers Haar und hielt meine Hand. Irgendwann kam der Wirt an unseren Tisch, weil er schließen wollte. Auf Paul gestützt verließ ich das Lokal.

»Wollen wir bei mir noch was trinken, ich wohne ganz in der Nähe?«, fragte Paul. Es waren vor allem Mitleid und Dankbarkeit, die mich zustimmen ließen. Auch kam es mir in diesem Moment schäbig vor, ihn den ganzen Abend als seelischen Abfalleimer zu missbrauchen und dann einfach stehen zu lassen.

Pauls Wohnung war scheußlich. Umbarmherziges Neonlicht erhellte den kleinen Raum und es war kalt. Im Wohnzimmer standen ein Fernseher, ein keimiges grünes Sofa und ein Tisch, auf dem stapelweise DVD-Hüllen lagen. Die Wände waren kahl. Auf dem PVC-Fußboden lagen Socken, Unterhosen und Chipspackungen. Am liebsten wäre ich sofort nach Hause gegangen, doch ich war so betrunken, dass ich mich erst mal auf das Sofa setzte. Paul kam mit einer Flasche Weißwein aus der Küche, so ziemlich das einzige alkoholische Getränk, das ich an diesem Abend noch nicht probiert hatte. Er setzte sich neben mich, schenkte ein und wir stießen an. Und dann beging ich den wohl größten Fehler meines Lebens. Ich ließ mich von ihm küssen und ausziehen und dann hatten wir Sex auf seinem schmuddeligen Sofa. Wenn man das so nennen kann, es dauerte vielleicht vier Minuten. Zu den vier Minuten an sich kann ich nicht viel sagen, ich kann mich nicht wirklich daran erinnern. Ich möchte auch nicht. Ich hab dabei die Augen zugemacht und bin anschließend sofort in komatösen Schlaf gefallen.

Am nächsten Morgen erwachte ich durch ohrenbetäubenden Verkehrslärm. Mir war übel. Ich lag noch immer auf dem Sofa, Paul halb auf mir. Er hielt mich fest umklammert. Wirklich, obwohl er tief schlief, hielt er mich in einem unangenehmen Würgegriff. Peinlich berührt löste ich seine Umklammerung, und Paul wachte auf. Er schmatzte, blinzelte und richtete sich halb auf. Sein schütteres Haar stand in wilden Strähnen vom Kopf ab.

»Liebste«, flüsterte er verschlafen.

Die latente Übelkeit manifestierte sich. Was tat ich hier bloß? Ich wollte nur nach Hause. Weg hier und alles vergessen. Fluchtartig sprang ich auf und griff nach meinen Sachen.

»Du willst doch nicht etwa gehen?« Plötzlich stand er hellwach neben mir, starrte mich mit aufgerissenen Augen an und krallte seine Hand um meinen Oberarm. »Bleib bei mir!«

»Nein, ich will nach Hause!«

Ich zog so schnell ich konnte meine Sachen an. Ich wollte nur weg von diesem grässlichen Zimmer und diesem fremden Menschen, der sicherlich lieb und nett war, aber viel zu nah bei mir stand und jede meiner Bewegungen verfolgte. Seine Nähe bereitete mir körperliches Unbehagen. An der Tür blieb ich kurz stehen und suchte nach Worten:

»Mach's gut, Paul!« Und schönes Restleben! Da kam mir ein schrecklicher Gedanke. Ich blieb wie angewurzelt stehen: »Paul, du wirst doch niemandem davon erzählen? Das ist dir doch klar?«

»Wieso? Wie du meinst. Aber ... Liebste, wann sehen wir uns denn wieder?« Tellergroße blaue Augen starrten mich an. Oh nein.

»Wir sehen uns nicht wieder. Na ja, doch, schon, im Büro. Aber sonst nicht. Und ich muss jetzt los.«

Ich schloss die Tür hinter mir, sog die kalte Luft ein und ging langsam die Stufen hinunter. Ich musste mich beherrschen, um nicht loszurennen, doch dafür war mir zu übel.

Ich brauchte den Rest des Wochenendes zur Regeneration. Das Bett verließ ich nur, um mir Nahrung zu holen. Wenn es mir nicht gut geht, bin ich immer hungrig und verschlinge wahllos alles, was ich finden kann. Suchend lief ich durch die Wohnung und telefonierte mit meiner Freundin.

Ich habe viele Freundinnen, es gibt kaum etwas Wichtigeres im Leben, aber eine beste Freundin, Simone, der ich wirklich alles erzähle. Egal, was es ist, ich erzähle es ihr und verarbeite es irgendwie beim Erzählen. Man fühlt sich gleich viel besser. Früher oder später lacht man, egal, wie schrecklich man sich fühlt, dann ist schon wieder alles gut oder zumindest besser.

Normalerweise hätte ich beim Verlassen einer fremden Wohnung noch im Türrahmen mein Handy gezückt und sofort ihre Nummer gewählt. Doch die Sache mit Paul wollte ich Simone zuerst gar nicht erzählen. Wenn ich ihr Paul beschriebe, würde Simone sicherlich denken, ich übertreibe und dann war die Absolution nicht mehr viel wert. Am Abend tat ich es natürlich doch und wie immer fühlte ich mich danach besser.

Am Montagmorgen, auf dem Weg zur Arbeit, schämte ich mich ein wenig für mein Heulen in der Kneipe. Ich bin kein Mensch, der gern im Mittelpunkt steht, und eigentlich erzähle ich Kollegen grundsätzlich keine Privatangelegenheiten. Das ist mir wichtig, das trenne ich streng.

Ich war mal wieder ein bisschen zu spät. Schon beim Eintreten hatte ich das Gefühl, dass irgendwas nicht stimmt. Die Kollegen grüßten, ein paar kicherten, alle guckten kurz hoch, doch keiner allzu lange. Schnell ging ich zu meinem Platz.

Auf meinem Tisch saß etwas. Ein Ungetüm. Vorsichtig näherte ich mich. Eine überdimensional riesige Stoffmaus mit obszön heraushängender Zunge und debilem Gesichtsausdruck blickte mir entgegen. Ihre Gliedmaßen hingen schlaff herab. Um ihren Hals hing ein Lebkuchenherz, auf dem in bunten Zuckergussworten »I love you, Nikola! Dein Paul« stand.

Das Blut schoss mir ins Gesicht. Zitternd vor Wut sprang ich auf das Monster zu, riss ihm den Kopf ab, warf es auf den Boden und trampelte in blinder Wut darauf herum. Als ich wieder zu mir kam, hatte sich Schweigen über den Raum gesenkt, alle starrten mich an. Ich ließ von meinem Opfer ab, hob es mit spitzen Fingern hoch und trug es in den Hof, wo ich es in eine große graue Abfalltonne stopfte.

Als ich zurückging, sah ich Paul in der Türe stehen. Fassungslos starrte er mich an.

»Die war für dich!«, sagte er dann absurderweise, seine Stimme klang vorwurfsvoll.

»Das ist mir nicht entgangen!« Ich packte Paul am Ärmel und zog ihn raus in den Hof. Mit vor Wut bebender Stimme sprach ich die erste Morddrohung meines Lebens aus.

Ich muss wohl ziemlich überzeugend gewirkt haben, denn Paul wurde ganz bleich.

»Is ja schon gut. Ich … ich lass dich ja in Ruhe«, stammelte er. Und dann, lauter: »Du spinnst ja!«

Damit lief er weg. Ich stand noch eine Weile allein auf dem Hof, atmete tief ein und aus und beobachtete die weißen Atemwolken. Wohltuende Resignation überkam mich. Dann ging ich langsam ins Büro zurück.

GEKAUFT WIE GESEHEN

Friederike (39), Arzthelferin, Speyer
über
Markus (42), Versicherungskaufmann, Speyer

Es ist so simpel, geradezu banal, doch Anziehung ist der Antrieb für jede zwischenmenschliche Beziehung. Natürlich entsteht Anziehungskraft aus vielen verschiedenen Faktoren wie Humor, Intelligenz oder Offenheit, aber sicher nicht zuletzt beruht sie doch auch auf Äußerlichkeiten. Ich bin da gar nicht übertrieben anspruchsvoll, aber wenigstens »gekauft wie gesehen« sollte auch in der Liebe gelten. Doch viele Männer denken, wenn sie erst mal in einer festen Beziehung sind, müssten sie sich keine Mühe mehr geben. Beispielsweise mein Exmann.

Ich habe Markus mit Anfang zwanzig kennen gelernt und ein paar Monate später geheiratet. Er hat mir auf einer Silvesterparty einen Antrag gemacht. Der Antrag an sich kam nicht überraschend, ich hatte bereits darauf gewartet, nur den Zeitpunkt fand ich sehr unglücklich gewählt. Es war auf einer großen Party, die mein Freundeskreis jährlich zum Jahreswechsel veranstaltete. Plötzlich ging die Musik aus, das Licht wurde gedimmt, und dann schritt Markus, den ich auf der Toilette vermutet hatte, mit einer albernen Kerze und einem Blumenstrauß in der Hand auf mich zu, ließ sich auf den Knien nieder und hielt eine lange und mir viel zu intime Rede, über unser Kennenlernen, unser Zusammensein, und die Gründe, weshalb wir uns nun für die Ewigkeit binden sollten. Es war mir furchtbar peinlich. Alle Gäste, die das doch gar nicht interessierte, mussten still sein und Markus zuhören. Ich wand mich auf meinem Stuhl. Als Markus endlich fertig war, rief ich ein schnelles Ja, vor allem, um das Ganze abzuschließen. Den restlichen Abend fühlte sich jeder verpflichtet, uns Glückwünsche auszusprechen. Meine Güte, jeden Tag heiraten eine Unzahl von Menschen, das ist nichts, womit man sich derart in den Mittelpunkt rücken sollte. Aber genau das hatte Markus gewollt, strahlend nahm er die Wünsche an, schüttelte Hände, als hätte er etwas Herausragendes geleistet und sei zudem Geburtstagskind und Gastgeber zugleich. Das war typisch für ihn, er sonnte sich nur zu gerne in Aufmerksamkeit, egal wofür.

Ich habe ihn trotzdem geheiratet. Derart gegensätzliche Züge eines Partners, so befremdlich sie auch sein mögen, haben ja oft auch etwas Faszinierendes. Und bald nachdem wir verheiratet waren, habe ich diese Seite meines Mannes auch nur noch in der Öffentlichkeit zu Gesicht bekommen.

Ein extremer Hang zur Bequemlichkeit war bei ihm offenkundig noch stärker ausgeprägt und gewann nach der Hochzeit die Oberhand. Ich kannte ihn als sehr gepflegt, eigentlich sogar ein bisschen zu eitel. An jeder roten Ampel strich er sich die Haare im Rückspiegel glatt und nutzte unverhohlen die Brillen etwaiger Gesprächspartner, um den Sitz seiner Frisur zu prüfen. Da hatte er mich noch beeindrucken wollen. Nach der Hochzeit wurde alles anders. Die Wandlung kam für mich vollkommen unvorhergesehen.

In den Flitterwochen präsentierte er meinem schockierten Blick erstmals sein Wohlfühloutfit fürs Hotelzimmer. Schlappen, Strümpfe und ein Trainingsensemble. Musste er die Sachen mal in die Reinigung geben, lief er gern einfach in Unterhosen herum. In Unterhosen und Socken. Meine Libido, vor der Hochzeit ein hoffnungsvoller Keim, erstarb lange vor der Blüte. Hatte ich mich früher darüber amüsiert, dass er ständig an seinen Haaren herumzupfte, sah ich ihn nun immer öfter mit Bartstoppeln und musste ich ihn beknien, wenigstens ab und an einen Friseur aufzusuchen. Meine Kritik an Markus' Äußerem stieß auf taube Ohren. Weder für Spott noch wohlmeinende Ratschläge zeigte er sich zugänglich, Bitten, Flehen und Drohen halfen nicht. Mein Mann war der felsenfesten Überzeugung, dass ich mich daran gewöhnen müsste. Wozu all die Aufregung?

Das waren leider nicht die einzigen Differenzen, die sich auftaten, nur die offensichtlichsten. Vor der Reise hatte ich im Reiseführer gelesen und meinem scheinbar interessierten Mann von verschiedenen Ausflugszielen erzählt. Der Heuchler hatte stets begeistert genickt. Nie hätte ich erwartet, dass er seine Zeit ausschließlich am Hotelpool verbringen würde. Am liebsten döste er auf einem Liegestuhl, wobei er den Mund leicht geöffnet ließ und manchmal leise schnarchte.

Wenn ich morgens mit anderen Hotelgästen in einen großen Reisebus stieg, der die Sehenswürdigkeiten des Landes ansteuern sollte, lag Markus noch im Tiefschlaf. Was viele andere Pärchen sich nur wünschen können, sollte für mich Realität werden: Die Flitterwochen blieben exemplarisch für unser gesamtes Eheleben.

Wieder daheim blieb es dabei, Markus kleidete sich nur noch an, wenn er das Haus verließ. Noch immer trug er elegante Kleidung, wenn er zur Arbeit ging, und kämmte sich sorgfältig die Haare. Doch zu Hause ließ er sich gehen. Bequemlichkeit ging vor, also öffnete er nach dem Essen die Gürtelschnalle, um seinem Bauch den nötigen Freiraum zu verschaffen, und lief den Rest des Tages so herum. Auch ließ er trotz meiner Ermahnungen immer wieder beim Pinkeln die Badezimmertür geöffnet, was ich als schreckliche Zumutung empfand. Schon während der Flitterwochen hatte ich jede Körperlichkeit auf ein Minimum reduziert, mittlerweile jegliche Zärtlichkeiten gestrichen. Abends legte ich mich mit einem langen Nachthemd bekleidet und meinem Buch an den äußersten Bettrand. Markus akzeptierte das widerspruchslos, er drängte sich mir niemals auf, war stets freundlich und zuvorkommend. Er schien mit seinem Leben zufrieden.

An den Wochenenden sahen wir meist zusammen fern. Wenn einmal Besuch zu uns kam, zog mein Mann richtige Kleidung an und nahm die Gastgeberrolle sehr ernst, doch wenn er konnte, boykottierte er solche Unannehmlichkeiten lange im Voraus. Seine Schwiegereltern dagegen empfing er in familiärer Gemütlichkeit. Ich werde nie den ungläubigen Gesichtsausdruck meiner Eltern vergessen, als Markus mit struppigen Haaren und sportlicher Kleidung die Türe öffnete.

Das hätte ich vielleicht noch akzeptieren können, doch auch wenn meine Freundinnen kamen, erfüllte er nicht meine Bitte, sich im Keller versteckt zu halten. Jedes Mal wenn Markus an uns vorbeischlurfte, wäre ich gerne im Boden versunken.

»Immerhin ist dein Mann dir treu. Wenn Männer auf was anderes aus sind, werden sie eitel, parfümieren sich und so«, sagte mir eine befreundete Nachbarin zum Trost. Ich musste lauthals lachen. Niemals würde ich Markus eine Affäre zutrauen! Dazu war er viel zu langweilig. Wir lebten friedlich nebeneinander her, obwohl ich Sinn und Zweck dieser Zusammenkunft schon lange nicht mehr verstand. Für mich war unsere Ehe von Anbeginn zum Scheitern verurteilt gewesen. Eigentlich wartete ich nur auf den richtigen Zeitpunkt, sie zu beenden. Irgendwann fasste ich mir ein Herz und erklärte Markus, dass ich ihn verlassen würde.

Mein jetziger Mann, ich habe drei Jahre nach der Scheidung wieder geheiratet, zeigt sich auch nach fünfjähriger Ehe noch guten Willens. Auch wenn er »nur mit mir« zu Hause ist, kleidet er sich mit eleganter Lässigkeit. Zwar kaufe ich beinahe alle Kleidung für ihn ein, doch zieht er sie immerhin von ganz alleine an.

SCHNELL UND HART

Sophia (24), Verkäuferin, Heidelberg
über
Felix (26), Vertreter, Heidelberg

Ich war mal mit einem Typen liiert, der einfach wahnsinnig grob war. Nicht absichtlich, ich glaube, er konnte einfach nicht anders. Zum ersten Mal habe ich das bemerkt, als wir uns gerade kennengelernt hatten. Wir waren im Kino, in einem Zombiefilm, und ich hab ihm einen runtergeholt. Ich weiß, dass da bei den Jungs bereits die Vorlieben variieren, die einen mögen es ganz leicht und schnell, andere schnell und hart, manche langsam und variantenreich, manche den ganzen Schwanz, andere nur die Spitze usw. Aber man kann sich ja ganz gut am Stöhnen orientieren.

Felix war offenkundig mehr der Schnell-und-hart-Typ. »Fester«, verlangte er, obwohl ich mich bereits aus Leibeskräften bemühte. Also legte ich noch zu. »Fester, bitter …«, stöhnte er noch mal und ich hätte fast erstaunt innegehalten. Alle anderen Jungs, die ich kannte, hätten bereits schreiend die Flucht ergriffen. Als Felix endlich kam, tat mir der Arm weh.

Unsere Beziehung war ansonsten gut, ich hatte Felix schon immer toll gefunden und war ziemlich verliebt. Und er wahrscheinlich sogar noch mehr in mich. Er sagte mir oft, dass er zum ersten Mal in seinem Leben richtig verliebt sei. Und er war dabei ganz offen und ehrlich, spielte keine Spielchen oder hatte Angst, sich eine Blöße zu geben. Es gibt ja kaum etwas Tolleres, als in jemanden verliebt zu sein, der einen auch liebt. Das passiert absurderweise ja auch nicht allzu oft im Leben.

Aber im Bett lief es überhaupt nicht. Anfangs war es noch gut, Küssen, Schmusen verlief ganz normal. Ein bisschen grobmotorisch vielleicht, doch verstand ich das noch nicht als Warnsignal. Felix war ziemlich gierig, aber das gefällt mir normalerweise gut. Nichts ist schlimmer als Typen, die nicht richtig erregt oder zu kopfig sind. Da fragt man sich immer, was sie gerade denken und ob sie überhaupt wollen. Eine gewisse Gier, der man sich hingeben kann, macht viel mehr Spaß. Aber sobald wir richtig miteinander schliefen, fickte Felix mich, als wäre ich eine Gummipuppe. Wobei, warum sollte jemand eine Gummipuppe bewusstlos ficken wollen? Es war vollkommen stumpfsinnig, ich kam mir vor wie ein Sportgerät. Zuerst dachte ich, er steht beim Sex auf Brutalität. Und um ehrlich zu sein, hat mich das ein bisschen erregt. Aber als ich dann kapiert habe, dass er nicht mal bemerkt hat, wie hart das alles für mich war, sondern es ganz normal fand, war ich entsetzt.

»Du tust mir weh!«, erklärte ich, und er hielt sofort betroffen inne. Er küsste mich und entschuldigte sich vielmals. Dann machte er sanfter weiter, aber nach kurzer Zeit vergaß er sich wieder und fickte stumpf und so fest er konnte drauflos. Sofort drehte ich ihn auf den Rücken, unter mir konnte er nicht so viel Schaden anrichten.

»Ich liebe es, wenn du auf mir bist«, stöhnte er offensichtlich ahnungslos. Ich blieb auf ihm, das war okay, doch erholte ich mich nur langsam von meinem Schrecken. Nach dem ersten Mal mit ihm hatte ich solche Rückenschmerzen, dass ich im Bett lag und ernsthaft überlegte, ob er beim Stoßen meine Wirbelsäule angeknackst haben könnte. Ein Alptraum war das. Felix schlief, eng an mich gekuschelt und ahnungslos, während ich wach lag und mich fragte, was bei ihm schief gelaufen sein könnte. War er einfach ungeschickt oder könnte es vielleicht irgendwie in seiner Natur liegen? Das war aber auch kein tröstlicher Gedanke.

Als ich klein war, hatte ich einen Kindergartenfreund, der mich immer dermaßen hart umgebolzt hat, dass die Kindergärtnerin ihm erklären musste: »Sophia ist ein Mädchen, die sind nicht so robust wie die Jungs, da muss man aufpassen!« Genauso hilflos saß ich vor Felix und wusste gar nicht, wo ich anfangen sollte.

Jedes Mal, wenn wir nun Sex hatten, kam der Moment, in dem ich »Halt« rief. Irgendwann war ich dermaßen unentspannt, dass ich nur noch auf den Moment wartete, in dem er brachial gegen mich rumste, versehentlich an meinen Haaren riss oder ungeschickt zwischen meine Beine langte. Vielleicht wurde ich dabei auch ungerecht, denn obwohl Felix sich Mühe gab, gelang uns gar nichts mehr. Das Schlimmste ist, dass er sich wirklich ernsthaft Mühe gab, der gute Wille war da. Aber nicht genug. Seine Grobmotorik kam immer wieder durch und machte alles zunichte. Ich habe ihn verlassen, ich glaube, wir haben einfach nicht zusammengepasst.

NICHT JEDER WEISS SICH
ZU AMÜSIEREN

Marion (24), Friseurin, Berlin
über
Sven (ca. 30), Berlin

Meine Freundin Conny hat im Herbst letzten Jahres geheiratet. Wir Mädels haben am Hochzeitswochenende einen »Hennenabend« für sie veranstaltet, um ihren Abschied von der Freiheit zu feiern. Conny musste sich als Braut um nichts kümmern, wir haben die gesamte Planung übernommen.

Am Freitagmittag ging es los. Erst haben wir uns bei Conny getroffen, alle mit Schlafsäcken ausgerüstet, weil wir bis Samstagabend zusammenbleiben wollten. Samstags wollte Conny dann früh ins Bett gehen, denn schließlich war ja am Sonntag ihre Hochzeit.

Alle Mädels warfen sich in Schale und es wurde erst mal angestoßen. Wir hatten jeder etwas Besonderes zu essen mitgebracht und während des Essens musste Conny uns Fragen über Richard beantworten. Was wollte Richard als Kind werden? Was bringt ihn zum Weinen und solche Sachen. Wir hatten ihren zukünftigen Ehemann vor diesem Wochenende getroffen und interviewt. Für jede falsch beantwortete Frage musste Conny ein von uns mitgebrachtes Teil anziehen, bekam einen Spitzhut auf den Kopf, einen Löwenschwanz angesteckt, schwarze Zähne gemalt, eine Plastikwarze aufgeklebt und Hasenohren angeschnallt. Wir hörten erst auf, als sie alles von uns Mitgebrachte am Körper trug. Conny war nicht so begeistert, sie hatte uns vorher gebeten, sich nicht in der Öffentlichkeit lächerlich machen zu müssen. Wahrscheinlich wäre sie lieber zur Prinzessin ausstaffiert worden, aber darauf konnten wir an diesem Abend keine Rücksicht nehmen. Nach dem Spiel bekam Conny von uns einen großen blauen Müllsack, der mit Klobürsten gefüllt war, die wir zu diesem Anlass neu gekauft hatten und ein Schild in die Hand: Bürste 4 Euro. Der Abend wollte ja schließlich finanziert werden.

Von Connys Wohnung ging es zu einer Kneipe nahe der S-Bahn, wo noch mehr Freundinnen warteten und wir noch mehr Sekt tranken, dann starteten wir das so genannte »Ringbahn-saufen«. Wir hatten einen Fahrplan ausgearbeitet, der uns vorgab, an welchen Stationen wir aussteigen, eine Kneipe auf-suchen und Bier oder Bier und Schnaps trinken mussten. Schon die Bahnfahrt war sehr lustig. Endlich waren wir Mädchen mal wieder alle zusammen, denn leider sehen wir uns immer selte-ner in dieser kompletten Besetzung. Conny musste Klobürsten verkaufen und wir schrien dazu aus vollem Hals lustige Sachen. »Zickezacke« und »Die Conny ist ne Superbraut, die heut auf die Scheiße haut!« und so. Wir haben so viel gebrüllt, gelacht und getrunken, dass die Fahrt wie im Fluge verging.

Conny hat nicht gerade viele Klobürsten verkauft, nur sechs Stück, sich aber hundert Mal anhören müssen, dass die Bürsten zu teuer seien. Typisch, die Berliner! Dabei fand Conny ihre Ware selbst auch zu teuer und hat noch nicht mal widersprochen. Wir haben ja den Preis festgesetzt, nicht sie. Ich finde aber, sie hätte sich trotzdem ein bisschen mehr Mühe geben können.

Nach gut drei Stunden hatten wir Berlin mit Zwischenstopps einmal ganz umrundet und fielen an der Ausgangsstation wie-der aus der Bahn. Conny wollte unbedingt nach Hause und sich umziehen. Das hatten wir eigentlich nicht eingeplant, aber wir konnten auch nicht wirklich etwas dagegen sagen. Also sind wir alle wieder zu ihr nach Hause, eine kreischende Gruppe von zwölf Mädels. Dort konnten wir uns immerhin um die Schilder kümmern, denn jetzt waren auch wir an der Reihe, die Menschen anzusprechen. Wir wollten Küsse verkaufen, und zwar alle, das war lukrativer. Nur über den Preis konnten wir uns nicht einigen, also nahmen wir einfach dasselbe Geld wie für die Klobürsten: »Ein Kuss 4 Euro« prangte bald auf großen Schildern, die wir um unsere Hälse hängten. Wir hübschten uns auf und tranken noch mehr Sekt, dann ging es auf die Straße. Es regnete ein bisschen, doch das konnte unsere Laune nicht trüben.

Der Plan war, alle Jungs, die wir trafen, anzusprechen, ob sie nicht Küsse von uns kaufen wollten. Ein paar von uns Mädels hatten sich mit Sicherheitsnadeln weiße Mäuse ans Dekolletee gesteckt, die man – ebenfalls zum Preis von 4 Euro – abknabbern konnte. Leider waren wir viel zu viele Mädchen und es gab viel zu wenig gut aussehende Männer.

Um die Hässlichen und Alten machten wir entgegen der Vereinbarung einen großen Bogen, obwohl die wahrscheinlich eher ja gesagt hätten als die jungen Hübschen, um die ein wilder Kampf entstand. Erstaunlich viele ergriffen sofort die Flucht, wenn sie unsere Hennengruppe auf sich zukommen sahen. Einer sprintete richtig los, so als wäre ein wilder Mob hinter ihm her. Ich bin natürlich sofort hinterhergerannt, um ihn zur Rede zu stellen, doch mit meinen hohen Schuhen war ich im Nachteil und hab ihn nicht mehr erwischt.

Die meisten konnten wir zwingen, wir haben sie einfach nicht in Ruhe gelassen, sind so lange neben ihnen hergerannt und haben alle gemeinsam auf sie eingequakt, bis wir sie überredet hatten. Wir haben uns totgelacht! Obwohl einige richtig ärgerlich wurden, die Spaßbremsen, hätte ich das Spiel noch ewig weitermachen können. Aber wir hatten nur bis 22 Uhr Zeit, denn dann gab es eine Überraschung für Conny.

Im »Dolly's« war ein Tisch reserviert, an dem um 22 Uhr 30 ein Private-Dance für uns stattfinden sollte. Das »Dolly's« ist *das* Lokal für Hennenabende, ich bin dort schon vorher auf zwei Feiern gewesen und es geht immer hoch her. Es gibt riesige Tische für die Junggesellinnen und ihre Begleitung, Männer haben keinen Zutritt, es sei denn, sie strippen. Und man kann direkt bei der Wirtin Termine vereinbaren und die Jungs buchen, die für die Braut tanzen sollen. Eigentlich nehmen alle Hennengruppen dieses Angebot wahr, und wenn der gebuchte Strip vorbei ist, kann man sich noch die Jungs an den Nebentischen ansehen. Irgendwo hüpft immer einer rum.

Connys Überraschung hielt sich folglich in Grenzen, als wir das Geheimnis der neuen Lokalität lüfteten, aber sie tat zumindest so und freute sich natürlich sehr.

Am Tisch neben uns saß eine Gruppe, die ziemlich verhalten und schüchtern war, wahrscheinlich Sekretärinnen oder so, die alle gemeinsam in einem Büro arbeiteten und sich nicht richtig gehen lassen konnten. Sie blieben ganz stumm, als ihr Stripper im albernen Matrosenanzug auf den Tisch kletterte, die Braut wirkte richtig versteinert. Total unlocker, und zur Strafe zog sich ihr Tänzer nicht mal ganz aus. Tja, nicht jeder weiß sich zu amüsieren!

Dafür grölten wir umso lauter, ließen die Korken knallen und klopften auf den Tisch, bis endlich Stanley erschien, in schwarzer Bikerkluft, so wie wir ihn gebucht hatten. Auf allen vieren krabbelte er über den Tisch auf Conny zu, richtete sich ganz langsam vor ihr auf und begann, sich in den Hüften wiegend, Schicht für Schicht seiner Lederkleidung abzublättern. Eine tolle Show! Mittendrin sprang er vom Tisch, verband Conny die Augen und nahm ihre Hände. Sie stellte sich etwas ungeschickt an, als er sich nun mit Hilfe ihrer Hände weiter auszog. Einmal, als er etwas heftig an ihrem Arm zog, um den Seitenreißverschluss seiner

Ledershorts aufzuziehen, wäre sie fast vom Stuhl gefallen. Aber wir amüsierten uns prächtig, kreischten und feuerten Stanley an. Als er nur noch einen schwarzen String trug, begannen einige von uns, ihm das Geld, das wir mit verkauften Küssen eingenommen hatten, zuzustecken, damit er weitermachte. Darüber wäre zwischen uns Hennen fast ein Streit entbrannt, aber Stanley reagierte ohnehin nicht wunschgemäß. Er stellte sich taub und nahm einfach das Geld, ohne sich weiter auszuziehen. Am Ende des Strips saß er in seinem Lederstring auf Connys Schoß und sie durfte seinen stahlharten Bauch mit Öl einreiben. Wow!

Als Stanley gegangen war, tranken wir noch eine Weile, dann wollten wir weiterziehen. Irgendwohin, wo es auch Männer gab. Es ist zwar nett so mit den Mädels, aber irgendwann ist es ja auch mal gut. Tanzen wollten wir natürlich auch und noch mehr Küsse verkaufen, es war ja schließlich Hennenabend und wann kann man sonst mal so richtig die Sau rauslassen? Mittlerweile hatte der Alkohol die ersten Opfer gefordert. Nina war bei einem Toilettengang über ihre Handtasche gefallen und mit dem Kopf gegen die Klotür geknallt. Sie hatte jetzt die dickste Beule auf der Stirn, die ich je gesehen habe. Sie war blau und eiförmig und sah aus wie aus einem Comicheft. Amelie hatte den Kopf auf den Tisch sinken lassen und schlief leise schnarchend mit geöffnetem Mund, aus dem Speichelfäden rannen. Ein paar dunkle Haarsträhnen hingen in eine Pfütze auf dem Tisch. Auch Nicole war auf ihrem Stuhl zuammengesunken, sah aus, als würde sie gleich herunterfallen, und schien fest zu schlafen. Wir fotografierten die beiden bestimmt hundert Mal mit unseren Handys, bevor wir versuchten sie aufzuwecken.

Nur noch zu neunt sind wir weitergezogen. Conny musste beim Rausgehen gestützt werden. Sie hatte ihr Handy verloren und faselte permanent davon, dass sie Richard anrufen wolle, damit er sie abholt. Aber das kam ja gar nicht in Frage! Zum

Glück hatte niemand von uns Richards Nummer und so blieb er unerreichbar. Die frische Luft tat uns gut. Laufen nicht so, also entschieden wir uns für eine Erlebnisgastronomie, direkt um die Ecke vom »Dolly's«. Der Laden lief nicht so gut und war ziemlich runtergekommen, aber heute war es erstaunlich voll und es gab eine Tanzfläche und eine große Bar. Wir grölten beim Eintreten unsere Hennenlieder, damit die anderen Gäste gewarnt waren. Dann stürmten wir die Tanzfläche.

Hier war ein entschieden besserer Ort, um Küsse zu verkaufen, als auf der Straße. Die Gäste rissen sich förmlich darum, von uns geküsst zu werden und uns die Mäuse vom Dekolletee zu knabbern. Sandra wurden 10 Euro für einen Kuss geboten, doch als sie mit spitzem Mund wie ein Vogel nach dem Käufer pickte, hielt er sie fest und presste seine Lippen auf ihre. Wir kreischten und klatschten, doch Sandra fand das überhaupt nicht witzig. Sie riss sich los und lief laut schimpfend davon.

»Ganz schön empfindlich!«, rief ihr der Kusskäufer hinterher und wandte sich dann Melanie zu, um eine Schaummaus von ihrem Dekolletee zu knabbern. Die Stimmung war aufgeheizt und unter uns Hennen war so etwas wie ein Wettkampf entstanden. Wer traute sich weiterzumachen? Wer würde die meisten Küsse verkaufen? Da betrat ein junger Mann das Lokal. Ich hatte Glück, weil ich so nah an der Türe stand und mich als Erste auf ihn stürzen konnte.

»Hallo, 4 Euro für'n Kuss?«, ich lallte schon stark und musste mich an seinem Arm festhalten, um das Gleichgewicht halten zu können.

»Ohnö! Lass mal!«, er schob mich zur Seite und setzte seinen Weg zur Bar unbeirrt fort. Das konnte ich nicht auf mir sitzen lassen. Ich stolperte hinter ihm her und zog an seinem Mantel.

»Hey, wart mal! 4 Euro, wenn ich dich küsse, 10 wennde mich küssen willst!«

Das schien er nicht zu verstehen, er guckte ganz irritiert, also wiederholte ich es. So lange, bis er scharf dazwischenfuhr: »Is ja gut, ich hab's verstanden, bin aber trotzdem nicht interessiert. Und jetzt hau ab und such dir jemand anders zum Spielen!« Er packte meine Schulter, drehte mich um und gab mir einen Schubs, so dass ich vorwärtsstolperte. Die anderen, die die Szene beobachtet hatten, lachten lauthals.

Es war demütigend und meine Laune sank rapide. Also ging ich zur Bar und rief nach einem doppelten Whiskey. In diesem Moment dachte ich, dass ich ein bisschen Coolness gut gebrauchen könnte. Ich schüttete den Inhalt meines Glases hinunter, straffte die Schultern und lief zu dem Typen an der Bar, vor dem Sandra geflohen war.

»10 Euro für'n Kuss?«

»Keene Kohle mehr. Krieg ich den auch für lau?«

Auf keinen Fall. Ich musste schon wieder ohne Erfolg davonschleichen und hörte die anderen lachen. Ihr könnt mich alle mal, dachte ich und wankte beleidigt zur Tanzfläche. Dort schüttelte ich mich ein bisschen. Doch muss ich beim Tanzen immer die Augen schließen, um in Stimmung zu kommen. Das ging nicht mehr, wenn ich jetzt die Augen schloss, wurde mir höllisch schwindlig. Plötzlich stand der unfreundliche Typ vor mir, der mir den Schubs gegeben hatte.

»100 Euro, wenn du mit mir aufs Klo gehst?«

Ich starrte ihn entsetzt an. Er lachte. »Hey, war ja nur ein Scherz.«

Trotzdem nahm er einen Hundert-Euro-Schein aus seinem Portemonnaie und wedelte damit vor meinem Gesicht rum. Die anderen reckten neugierig die Köpfe, starrten und tuschelten aufgeregt. Das traut die sich eh nie, sagten sie wahrscheinlich. Entschlossen griff ich nach dem Schein und hielt ihn hoch ins bunte Scheinwerferlicht. Ich kniff die Augen zusammen, sah meine Hand doppelt und dreifach, tat aber so, als würde ich die Echtheit des Geldes überprüfen. Dann faltete ich den Schein zusammen, schob ihn in die Tasche meines Rocks und griff nach der Hand des Mannes. Ich zog ihn hinter mir her zu den Toiletten. Ich weiß nicht, warum ich das gemacht habe, nur dass ich die anderen in diesem Moment unbedingt beeindrucken wollte. Für mich war alles nur ein Spiel. Bei den Waschbecken blieb ich stehen, um ihn zu fragen, was nun passieren solle.

»Ich heiße übrigens Sven«, kam er mir zuvor und brachte mich aus dem Konzept. Sven schob mich vorwärts in die Kabine. Ich wollte gerade auch ihm meinen Namen nennen, als er seine Lippen auf meine presste, mich wild küsste und dann gegen die Wand der Kabine drückte. Mit einer Hand öffnete er den Reißverschluss seiner Hose, mit der anderen fasste er unter meinen Rock und in meinen Slip. Es ging alles sehr schnell. Überrumpelt stand ich an die Wand gedrückt, während er ein Gummi aus der Manteltasche fischte, es überzog und meinen Slip zur Seite streifte. Sekunden später war er in mir, stieß ein paar Mal zu, keuchte, dann war es vorbei. Sven ließ mich los, zog seine Hose hoch und warf das Gummi ins Klo. Dann tätschelte er kurz meine Wange, ging raus und ließ mich stehen.

Er hat gar nicht nach meinem Namen gefragt, dachte ich absurderweise. Dann richtete ich meine Kleider und verließ die Kabine. Ich fühlte mich schäbig und schämte mich, zu den anderen rauszugehen. Was sollte ich ihnen sagen? Ich spritzte mir am Waschbecken kaltes Wasser ins Gesicht, als plötzlich zwei Männer reinkamen. Ich war offenbar auf dem Herrenklo. Schleunigst verließ ich den Raum. Die Hennen umringten mich neugierig und fragten wild durcheinander, wo ich gewesen sei, was ich getan hätte und warum. Ich sah mich nach Sven um, doch zu meiner Erleichterung sah ich ihn nirgendwo. Er hatte das Lokal offenbar verlassen.

»Habe gerade hundert Euro für nen Kuss verdient. Und nicht mal mit Zunge«, behauptete ich und steckte den Schein vor aller Augen in die Hennenkasse, die Conny um den Hals trug. Die anderen jubelten und klopften mir anerkennend auf die Schulter.

Was hätte ich denn sonst tun sollen? Hätte ich die Wahrheit gesagt, wäre doch sofort die Lästerei losgegangen, allerspätestens morgen. Wie klingt das bitte auch, wenn man es erzählt, das geht doch gar nicht. Also hab ich mich bemüht, nicht mehr daran zu denken, sondern bin mit den anderen wieder auf die Tanzfläche. Wir sind auch nicht mehr lange geblieben, sondern bald zu Conny aufgebrochen. Küsse hab ich an diesem Abend keine mehr verkauft.

JUST FEEL FREE TO USE ME ...
SARAH

Sarah (28), Studentin der Kunstgeschichte, Köln
über
Viktor (19), Moskau

Im Sommer 2004 erreichte mich der Brief des Bafög-Amts. Man teilte mir mit, dass man nicht mehr bereit sei, das nun kommende Semester mitzufinanzieren. Ähnliches hatte ich bereits von meinen Eltern erfahren müssen und so sah ich mich gezwungen, nun zu anderen Maßnahmen zu greifen. Ich musste an einen Ort reisen, an dem es keine Ablenkung, kein Entkommen, gab, und an dem ich mich ganz und gar meiner Abschlussarbeit widmen konnte. Einer der langweiligsten Orte, die ich mir vorstellen kann, ist ein kleines andalusisches Dorf bei Niebla, das Lieblingsurlaubsziel meiner Eltern. Bis zu meinem vierzehnten Lebensjahr wurde ich einmal im Jahr gezwungen, hier drei Wochen zu verbringen, um die dort ansässige Familie meiner Mutter zu besuchen. Ich hätte nie gedacht, dass ich jemals in meinem Leben freiwillig über einen längeren Aufenthalt dort nachdenken könnte, doch genau das tat ich nun. Ich hatte vor, drei bis fünf Wochen zu bleiben, in der kleinen Pension zu wohnen, die von meiner Tante geführt wurde, und mich täglich an meinen Laptop zu setzen.

Auch abends suchte man hier vergeblich nach Ablenkung, es gab keinerlei Möglichkeiten, etwas zu unternehmen. Es existierte tatsächlich nur eine Bar in dem Ort, direkt neben meiner Pension, in der immer dieselben Menschen saßen, meist ältere sonnengegerbte Männer, tranken und rauchten. Dazu erklang schlechte spanische Musik aus einem Radio. Schrecklich gerne wäre ich sofort wieder nach Hause gefahren, aber ohne Geld und ohne Abschluss war selbst Köln nicht mehr uneingeschränkt schön. Die Tage zogen sich dahin, ich war ruhelos und fahrig und trank viel zu viel. Ich hatte früher öfter gesagt: »Ich langweile mich eigentlich nie«, hatte wirklich gedacht, dass ich mich gut mit mir selbst beschäftigen und einfach entspannen könnte. Seit Spanien weiß ich, das war ein Irrtum.

Eines Abends, ich glaube, nach fünf oder sechs Tagen, kam ich mit Viktor ins Gespräch, einem neunzehnjährigen Russen, der in derselben Pension wohnte wie ich. Ich hatte ihn schon vorher gesehen, er aß jeden Abend dasselbe fade Nudelgericht in der Bar und saß danach meist allein am Tresen und trank Bier. Viktor hatte mich nicht besonders interessiert, er war acht Jahre jünger als ich, blass und bis auf ein bemerkenswert hässliches Tattoo am Oberarm recht unspektakulär. Doch hier war ich froh über jeden, mit dem ich trinken und mich unterhalten konnte und so ließ ich mich sofort auf ein Gespräch mit ihm ein. Seine Familie besaß angeblich einen Gaskonzern in Russland und war sehr vermögend. Sie hatten ihn sozusagen auf Reisen geschickt, um den russischen Militärdienst zu umgehen, doch konnte er zurzeit nicht weiterreisen. Ganz begriff ich seine Geschichte nicht, ich lächelte einfach, nickte und schüttete Bier in mich hinein. Dann erzählte er mir, dass er schon seit über zwei Monaten an diesem Ort sei. Als er das sagte, klang es, als wäre es etwas ganz Normales und nicht etwa ein Grund für Wahnsinn oder Suizidgedanken. Ich starrte ihn an.

»Seit einem Monat hängst du hier in diesem Kaff, hörst Salsa-Musik aus dem Radio und isst jeden Abend Nudeln? Meine Güte, wie hältst du das aus?«

»Ach, das geht schon, ich sehe ziemlich viel fern und bald kann ich ja wahrscheinlich auch weiter. Außerdem hab ich ein paar Freunde, die hier in der Nähe wohnen«, antwortete er mit seinem harten russischen Akzent und grinste.

Während ich überlegte, ob Viktor wohl verhaltensgestört oder nur ungeheuer langweilig war, bestellte er die erste Runde Wodka. Mein neuer Freund hatte einen Hang zu schwadronieren und ließ sich gern über Belanglosigkeiten aus. So erzählte er mir ausgiebig davon, dass Männer Muskeln haben sollten und Frauen zierlich sein müssen, so als wäre das eine äußerst interessante neue Theorie. Er hatte die Angewohnheit, ein und denselben Satz immer wieder zu wiederholen, ohne dabei eine Antwort zu erwarten.

Irgendwann um zwei wollte der Wirt die Kneipe schließen. Ich hatte genug getrunken, um ins Bett zu gehen, also stand ich wankend auf, hob die Hand zum Abschied und ging. Viktor folgte mir in unsere Pension, die um diese Zeit schon in völliger Dunkelheit lag. Ich stand im finsteren Flur vor meiner Zimmertür und kramte in meiner Tasche nach dem Schlüssel, als er mich plötzlich an beiden Armen packte und fest gegen die Wand drückte. Fordernd presste er seinen Körper gegen meinen, griff mir in die Haare und zog meinen Kopf nach hinten, um mich zu küssen. Er küsste gut.

Ich kann mich erinnern, wie perplex ich war. Den ganzen Abend hatte Viktor mich nicht besonders aufmerksam behandelt, und weder er noch ich hatten irgendwelche Signale ausgesendet oder uns bemüht, besonders sexy zu sein. Sein Übergriff kam völlig überraschend. Doch es gefiel mir, er fühlte sich gut an und so schlang ich die Arme um ihn. Als er mit seiner rauen Hand an meinem Bein entlang unter mein Kleid fuhr, drückte ich mich gegen ihn. Doch als er über meinen Bauch und zu meinem BH glitt, versteifte ich mich. Ich trug ein uraltes harnfarbenes

Bustier, das sehr gemütlich, aber keineswegs für fremde Augen bestimmt war.

»Moment, ich hol noch was aus meinem Zimmer, dann komm ich zu dir hoch«, flüsterte ich und schob Viktor von mir weg.

»Okay, beeil dich. Zimmer 32.«

In meinem Zimmer riss ich mir die Kleider vom Leib und sprang unter die Dusche, in der einen Hand die Zahnbürste, in der anderen den Rasierer. Dann zog ich präsentable Unterwäsche an, wühlte ein noch relativ frisches Kleidchen aus der Schmutzwäsche und schlich die Stufen zu ihm hoch.

Ich hatte noch nie mit jemandem Sex, der so viel jünger war als ich, ich mag eigentlich ältere Männer, die wissen, was sie wollen. Aber ich mag es, wenn ich spüre, dass ich begehrt werde. Und das tat Viktor. Er öffnete die Tür, zog mich ins Zimmer und drängte mich sofort zum Bett, in der Hand eine Wodkaflasche. Im Aschenbecher qualmte ein vergessener Joint.

Viktor war nackt und zog auch mir sofort mein Kleid herunter. Bestimmend drückte er mich auf die Matratze, ich spürte seinen Schwanz an meinem Bauch, dann spreizte er meine Beine und legte sich auf mich. Er biss in meinen Hals, während ich meine Finger in seinen Rücken krallte und ihn in mir spürte. Er drehte und wendete mich einige Male, hielt mich aber immer fest umklammert.

»Du gehörst mir«, sagte er mehrmals mit seinem harten Akzent, der mir jetzt Schauer über den Rücken jagte, sonst sprachen wir nicht viel. Als wir später nass geschwitzt und keuchend auf der Matratze lagen und schweigend Flasche und Joint kreisen ließen, fühlte ich mich vollkommen und unerwartet gut.

Kurze Zeit später stand Viktor auf, hob mich mühelos hoch, und trug mich in die Dusche. Ich hatte Sex in Duschkabinen noch nie geschätzt, unbequem und gefährlich. Doch er schob mich bäuchlings gegen die Kacheln, richtete den Wasserstrom auf meinen Nacken und drang von hinten in mich ein, während ich nicht anders konnte, als laut zu stöhnen.

Als ich später wach wurde, wusste ich erst nicht, wo ich war. Ich wagte kaum die Augen zu öffnen, so gleißend schnitt das Nachmittagslicht durch meine Augenlider. Ich richtete mich ganz langsam auf und blickte mich um. Neben mir lag der nackte Russe und schlief. Sämtliche Laken und der Bezug waren vom Bett gestrampelt und lagen zerknüllt auf dem Boden, so dass wir die Nacht auf der schmierigen, klebrigen Polyestermatratze des Pensionsbetts verbracht hatten. Auf dem Boden lagen überall Scherben, ausgekippte Aschenbecher und eine Blutspur zog sich quer durch das Zimmer. Richtig, irgendwann gestern hatte Viktor mich durchs Zimmer getragen, dabei hatte ich seinen Tisch umgekippt, auf dem mehrere Gläser, Flaschen und Aschenbecher gestanden hatten. Anschließend war ich in eine Scherbe getreten und hatte die Blutspur über Boden, Bett und Viktor verteilt. Mein Fuß tat mir gar nicht weh, dafür aber alles andere. Es war drückend heiß im Zimmer und mehrere Moskitos schwirrten über unseren Köpfen. Glücklich ließ ich mich zurücksinken, legte meine Hand auf Viktors Bauch und schloss noch einmal die Augen.

Als ich wieder aufwachte, war ich allein, sonst war alles unverändert. Schnell zog ich mein Kleid aus einer Pfütze am Boden, sammelte meine Sachen ein und verließ das Zimmer.

Nachdem ich meiner Magisterarbeit zwei neue Sätze hinzugefügt und wenig später wieder gelöscht hatte, schrieb ich eine lange Mail an meine Freundin. »Die ganze Nacht Sex mit einem Russen im Hotelzimmer? Ich bin so neidisch!«, war ihre Antwort.

Ich saß noch eine Weile auf dem Bett, lackierte meine Fußnägel und betrachtete die blauen Flecken auf meinem Körper. Eigentlich sollte ich heute besser eine Pause machen und früh zu

Bett gehen ... Auf gar keinen Fall. Ich zog mein engstes Kleid und hohe Schuhe an und schlenderte zu der kleinen Bar.

Nach zwei Stunden und viel zu vielen Zigaretten, stand ich vor Tür Nummer 32. Vielleicht schlief er ja? Energisch klopfte ich an. Nichts. Ob wir uns verpasst hatten und er jetzt in der Bar auf mich wartete? Nervös lief ich zurück, doch hier saßen nur die immergleichen graugesichtigen Tresengestalten.

Geknickt schlich ich in mein Zimmer, doch konnte ich mich nicht ablenken. War ich den ganzen Tag erschöpft gewesen, so lief ich jetzt unruhig und getrieben zwischen Zimmer und Bar hin und her. Um eins gab ich das Warten auf und schrieb stattdessen einen Zettel, den ich unter Viktors Tür durchschob, so dass nur noch eine weiße Ecke in den Flur lugte:

»Denk jetzt nicht, dass ich dich stalke, mir ist nur langweilig. Vielleicht magst du noch für 10 Minuten runterkommen? Just feel free to use me ... Sarah.«

Kühl, abgeklärt und doch sehr sexy, wer könnte da schon nein sagen? Um 5 Uhr morgens schleppte ich mich nach oben, um den Zettel, der noch immer unberührt unter der Tür hervorsah, zu entfernen.

Am nächsten Tag fühlte ich mich wesentlich besser. Er musste ja heute Abend wieder nach Hause kommen. Ein letzter Rest nervöser Unruhe saß noch immer irgendwo in meinem Bauch. Wie schön wäre es, ganz entspannt an meinem Rechner zu sitzen, in der Gewissheit, die Nacht in Viktors Bett zu verbringen. Von mir aus jetzt jeden Tag.

Aber was sprach auch schon dagegen, unsere erste Nacht war großartig gewesen, auch ihm war langweilig, und was sollte er sonst tun? Den ganzen Tag lauschte ich auf jedes Geräusch und endlich, gegen Nachmittag, hörte ich, wie er die Treppe hinaufging und seine Tür aufschloss. Sicherlich hatte er seine Freunde besucht und würde jetzt erst mal schlafen ... Irgendwie brachte ich den Abend rum, tigerte nägelkauend in meinem Zimmer auf und ab, denn ich hasse es, zu warten.

Als er um 22 Uhr noch immer nicht aus seinem Zimmer gekommen war, geschweige denn bei mir geklopft hatte, hämmerte ich an seine Tür. Es dauerte eine Ewigkeit. Wollte er mich verarschen, wie lange konnte man bitte brauchen, um die zwei Meter zwischen Bett und Tür zu bewältigen? Er öffnete die Tür einen Spalt und stützte sich in Unterhose gegen den Rahmen. Müde und fragend blickte er mich an.

»Hey Viktor, guten Morgen, willst du nicht vielleicht was mit mir trinken gehen?«

Er schüttelte den Kopf. »Bin müde. Liege schon im Bett. Viel Spaß! Ciao!«

Damit schloss sich die Tür vor meiner Nase, noch bevor ich irgendetwas erwidern konnte. Aber was auch? Wie betäubt ging ich in mein Zimmer zurück. Ich wühlte die Schlaftablette hervor, die ich mir für die lange Busreise zurück nach Deutschland aufbewahrt hatte, ließ mich auf mein Bett fallen und wartete darauf, das Bewusstsein zu verlieren.

Am nächsten Morgen fühlte ich mich matschig und zerknirscht. Aggressiv fauchte ich in mein Handy, als meine Eltern sich nach meinem Wohlergehen erkundigen wollten. Verdammt, vor dem Abend mit Viktor war doch eigentlich alles ganz entspannt gewesen. Jetzt fühlte ich mich betrogen, zurückgewiesen, erniedrigt … aber halt, es gab noch immer Hoffnung. Wahrscheinlich lag er gerade im Bett, holte sich einen runter und dachte an mich und den kommenden Abend. Und tatsächlich, als ich abends die Bar betrat, saß Viktor am Tresen und unterhielt sich mit einem schwammig aussehenden Jungen seines Alters.

»Hey, ich bin Thomas«, begrüßte dieser mich freundlich, als ich mich zu ihnen setzte. Viktor nickte kurz in meine Richtung und setzte dann die Unterhaltung unbeirrt fort.

»Männer, die im Sitzen pinkeln, sind keine Männer, sondern Frauen!«, erklärte er gerade mit Nachdruck, den Zeigefinger erhoben. »Frauen können ruhig im Sitzen pinkeln, sind ja Frauen, aber Männer, die müssen stehen. Beim Pinkeln. Sonst sind das keine Männer.« Diese interessante These führte er noch eine Weile aus und unterbrach nur, um für sich und seinen neuen Freund Tequila zu ordern. Mich fragte er nicht. Ich lauschte still seinem russischen Akzent, bemüht, die inhaltlichen Aspekte nicht allzu sehr zu gewichten.

Nach einer Weile wandte sich Thomas an mich, erzählte, dass er auf der Durchreise sei und fragte, was mich hierher verschlagen habe. Während ich antwortete, stand Viktor auf. »Ich geh pinkeln«, fiel er mir ins Wort und wankte Richtung Toilette. Ich tat, als sei nichts geschehen, lachte blöde und redete munter weiter. Als Viktor zurückkam, riss er das Gespräch erneut an sich. Nun erzählte er von russischen Trinkspielen. Die meisten wirkten recht eintönig und verliefen so: Man trifft sich und trinkt eimerweise Schnaps, so lange, bis man umfällt.

Ich rauchte, trank und schwieg. Offensichtlich gehörte Viktor zu denjenigen Männern, die Frauen, mit denen sie Sex hatten, nicht mehr mit Respekt behandeln können. Ich kannte das vor allem aus den Geschichten meiner Freundinnen, mir war diese Erfahrung bisher erspart geblieben. Steh einfach auf und geh!, befahl ich mir mehrere Male. Aber warum auch immer, ich hatte keinen Stolz, ich wollte nicht alleine sein, ich blieb. Eigentlich war ohnehin alles egal.

Gegen vier Uhr morgens saßen wir noch immer zusammen, mittlerweile vor der Kneipe. Thomas hatte zuvor mehrmals unter den Tisch gekotzt. Als der Wirt das bemerkt hatte, hatte er uns barsch nahegelegt, doch draußen weiter zu trinken. Kein Problem, auch hier war es schön. Thomas hatte dunkel getrocknete Spritzer auf seiner Kleidung, er lag mehr, als dass er saß, den

Kopf in einem unnatürlichen Winkel gegen eine Treppenstufe gelehnt. Viktor hing halb über ihm und redete ununterbrochen auf ihn ein.

»Männer müssen wissen, wie man mit Autos umgeht«, brüllte er dem Halbbewusstlosen gerade ins Ohr, als dieser plötzlich unerwartet zum Leben erwachte. Mühsam krabbelte Thomas auf allen vieren ein Stück von uns weg und bemühte sich dann, auf die Beine zu kommen.

»Ich hau ab«, lallte er, blickte sich gehetzt um und wankte davon.

»Ich hau auch ab«, sagte Viktor, während er sich aufrichtete. Nach ein paar Schritten blieb er stehen, drehte sich unentschlossen um und nuschelte: »Kannst mitkommen.«

Ohne eine Antwort abzuwarten, ging er davon. Ich nahm einen tiefen Schluck aus der Tequila-Flasche. Am liebsten hätte ich alles kurz und klein geschlagen. Wie sehr kann man sich eigentlich selbst erniedrigen, fragte ich mich, während ich langsam zur Pension zurücklief. Und doch hatte ich den ganzen Abend auf diesen Moment gewartet, in dem ich mit Viktor alleine war und wir auf sein Zimmer gehen konnten.

Er ließ mich rein, zog ungelenk mein Kleid hoch und schubste mich zum Bett. Ich überlegte kurz, ihn zu küssen, doch spürte ich endlich einen stumpfen Widerwillen in mir aufsteigen. Die Demütigungen des Abend waren wohl doch nicht spurlos an mir vorbeigegangen, langsam wuchs meine Abneigung. Doch jetzt war ich hier, also beobachtete ich distanziert, wie Viktor schwer atmend über mich kletterte, meine Knie auseinanderschob und sich auf meinen Schultern abstützte. Ab und an rammte er mir versehentlich einen Ellenbogen in die Seite oder stützte sich schmerzhaft ziehend auf meinen Haaren ab, während ihm ein Speichelfaden aus dem Mundwinkel rann. Ich mag es durchaus, wenn man mich im Bett packt, mir den Mund zuhält oder Ähn-

liches. Doch wenn mir jemand aus Ignoranz und Ungeschicklich-
keit an den Haaren zieht, bin ich eher abgestoßen.

»Du verdammter Idiot«, dachte ich, während Viktor auf mir
keuchte, »es hätte so gut sein können. Du hättest von mir aus
den ganzen Tag Scheiße reden können, ich hätte dir alles verzie-
hen. Du hättest nur ein bisschen netter zu mir sein müssen, aber
du bist ja selbst dazu zu doof!«

Es hatte keinen Sinn mehr, so machte mir das keinen Spaß,
also schubste ich den sabbernden Teenager von mir weg, richtete
mich auf und griff nach meinem Kleid.

»Was ist denn los? Gehst du?«, fragte Viktor, während ich das
Zimmer verließ und verdrehte tatsächlich genervt die Augen.

Den ganzen nächsten Tag schrieb ich an meiner Arbeit. Ein-
leitung und Schlussteil hatte ich fertig und auch eine brauchbare
Gliederung. Also packte ich abends meine Tasche und machte
mich auf zum Busbahnhof. Ich würde nach Köln zurückfahren.
Das selbst auferlegte Einsiedlerleben war nichts für meine Nerven, das musste ich mir wohl eingestehen.

NICHT SO LUSCHIG!

Josie (25), Kellnerin, Berlin
über
Leif (26), Promoter, Berlin

Nein, ich will nicht geleckt werden«, wehrte ich ab und zog ihn auf mich. »Ich will mit dir schlafen.« *Los! Ich will begehrt werden, genommen, benutzt, gefickt! Jetzt hier und sofort!* Ich war sehr erregt, ich wollte kein Wort mehr hören, ihn nur noch auf mir spüren, in mir. Ich presste meinen Körper gegen seinen. »Nimm mich«, flüsterte ich und biss in sein Ohr.

»Ich leck dich erst mal«, sagte er und entwand sich meiner Umarmung.

»Nein! Wirklich nicht!«

»Ich will dich aber lecken«, beharrte er. »Komm, lass mich dich lecken!« Und damit drückte er mich fest gegen die Matratze, hielt meine Arme fest und drückte seinen Kopf zwischen meine Beine. Dilettantisch leckte er über meine Pussy und Unwille stieg in mir hoch. Seine Zunge drückte sich mehrere Zentimeter über meiner Klitoris fest und er begann zu saugen und zu lecken. Obwohl ich ihn mit meinem Unterleib verzweifelt an die richtige Stelle zu manövrieren versuchte, schaffte er es, beharrlich immer wenige Zentimeter daneben zu liegen.

Meine Erregung ebbte nach und nach ab, während Leif seinen Mund viel zu leicht an die falschen Stellen presste. Ich griff nach seinem Kopf und wollte ihn nach unten schieben, doch er ließ sich nicht beirren. Dann stöhnte er auch noch unecht, um mir zu zeigen, wie gut er es fand. Ich lag steif auf dem Rücken. Mit den

Händen hielt Leif auf unangenehme Weise meine Beine auseinandergedrückt. Um mich jetzt noch zu erregen, hätte er beide Hände auf äußerst geschickte Weise benutzen müssen, wie auch seine Zunge an der richtigen Stelle und mit dem richtigen Einsatz. So eine Zunge allein bringt eigentlich nur was, wenn ich schon sehr, sehr erregt bin. *Und verdammt noch mal richtig lecken! Nicht so luschig!* Noch einmal zog ich an seinem Kopf, los, *komm endlich her,* doch er ignorierte mich und blieb, wo er war.

Anstelle meiner Erregung war Aggression getreten. Jetzt leckte er auch noch ganz langsam neben meiner Klit entlang. Dann auf der anderen Seite. Langsam hoch und runter. Ich hasste ihn.

»Sag mir, wie es dir gefällt. Wie willst du's?«, flüsterte er. »Ich mach alles, was du willst.«

Wo sollte ich denn da bitte anfangen? Wie stellte er sich das vor? »Komm, sag mir, was du willst«, bat er weiter und drückte mir dabei hektische Küsse auf die Schamlippen. *Ich will, dass du gehst, ganz weit weg.*

»Steck mal deine Finger in mich«, schlug ich ihm vor, bemüht, nicht aggressiv zu klingen. Irritiert hielt er inne. Dann schob er ungelenk einen Finger in meine Pussy, während er weiter seine Zunge gegen mich drückte. Jetzt war er kurzzeitig an der richtigen Stelle, doch war seine Berührung viel zu zaghaft. Als ich mich gegen ihn presste, wich er etwas zurück und war schon wieder falsch. Sein Finger bewegte sich ganz langsam vor und zurück. Sobald er mit der Zunge ein schwierigeres Manöver, wie beispielsweise hoch- und runterlecken, ausführte, vergaß er seinen Finger zu bewegen. Ab und an schnaubte er, was mir wohl seine Erregung zeigen sollte. Ich lag unbeweglich auf dem Rücken und wünschte, es wäre vorbei.

Da ließ Leif endlich von mir ab. Langsam leckte er sich an meinem Oberschenkel hoch, über meinen Bauch, Schulter, Hals zu meinem Ohr: »Entspann dich«, flüsterte er.

»Ich muss kurz ins Bad«, zischte ich, während ich T-Shirt und Slip vom Boden aufsammelte. Das kalte Wasser tat mir gut, die Wirkung des Alkohols ließ nach und ich fühlte mich übermüdet und aufgedreht. Ich musste wieder an Leifs Versprechungen denken. Noch nie hatte ein Junge derart vor mir angegeben. Und mir hatte das auch noch gefallen. Seine letzte SMS kannte ich auswendig: »Ich möchte dich wahnsinnig machen, dich festhalten, aufzehren, umschlingen, bis du schreist, dass du nie wieder einen anderen haben möchtest.«

Schöne Worte. Na ja. Ich trat aus der Dusche und suchte mir ein Handtuch. In der Wohnung war alles ruhig, Leifs Mitbewohner rührten sich nicht. Behutsam öffnete ich die Küchentür, stellte mich ans Fenster und starrte in den Innenhof. Zurück ins Bett wollte ich nicht. Das gemeinsame Sonntagsfrühstück hatte sich für mich erledigt. Obwohl ich mir beim Gedanken an seinen Hundeblick nicht sicher war, ob Leif das auch so sah. Eigentlich kamen nur Flucht und Vergessen in Frage. Besser, ich brachte diese lächerliche Episode hinter mich.

Leise schlich ich ins Zimmer zurück und suchte meine Sachen zusammen. Es war still und kühl im Raum, nur die Jalousien raschelten am offenen Fenster. Es roch nach kaltem Rauch. Leif rührte sich nicht. Ich beugte mich über ihn. Er hatte einen ähnlichen Plan entwickelt und beschlossen, in Totenstarre zu verfallen. Einfach schlafen, bis die ganze Situation ausgestanden war. Sollte mir recht sein. Eine Diskussion über einen Neuanfang hätte ich jetzt kaum verkraftet. Gleichzeitig fühlte ich mich gekränkt. Ein wenig mehr Einsatz hatte ich erwartet, doch Leifs Repertoire schien erschöpft.

Leise und sehr sorgfältig zog ich mich an. Auf keinen Fall wollte ich etwas vergessen. An der Tür schaute ich mich noch einmal um. Keine Regung, Leifs Atem ging regelmäßig. Er simulierte den Schlaf der Selbstgerechten. Auch auf der Straße war es ruhig, Sonntagmorgen, ein sonniger Tag. Ich beschloss, später ein paar Freunde anzurufen und zum gemeinsamen Frühstück zu überreden.

Leifs Schal habe ich mitgenommen; er sieht schön aus und wärmt mich. Außerdem erinnert er mich daran, dass Worten Taten folgen müssen. Sonst ist es besser, einfach den Mund zu halten.

DON'T EXPECT ME TO MOVE!

Clara (31), Flugbegleiterin, Frankfurt/Main
über einen One-Night-Stand, dessen Namen sie vergessen hat,
nennen wir ihn Gerome (ca. 35), Lyon

Wir waren abends in Berlin gelandet, es sollte erst am über-nächsten Tag weitergehen. Also ging ich mit der restlichen Crew nach kurzem Hotelaufenthalt in die Hotelbar und wir betranken uns. Ich versuchte mit dem Piloten zu flirten, was mir auch gelang. Allerdings flirtete er mit allen weiblichen Anwesenden, inklusive der Kellnerin. So hatte ich mir das nicht vorgestellt. Nicht nach all den viel versprechenden Blicken, die er mir während der letzten Wochen auf unseren Flügen zugeworfen hatte und den zufälligen Berührungen, die keineswegs zufällig sein konnten. Ich hatte die Schnauze voll. Heute wollte ich tanzen gehen.

Ich trank mein Prosecco-Glas auf Ex und ließ mir ein Taxi kommen. Es war erst drei, die Nacht stand mir offen.

Ich fragte den Taxifahrer nach einem coolen Club. Er brachte mich in ein verlassenes Industriegebiet nahe des Ostbahnhofs, wo vor einer dunklen Baracke eine riesige Menschenschlange stand und auf Einlass wartete. Ich reihte mich ein. Es dauerte gefühlte Stunden, bis ich drin war und endlich auf der überfüllten Tanzfläche stand. Um mich herum bewegten sich schöne verschwitzte Menschen zu elektronischen Klängen. Ich hatte Schwierigkeiten, mein Wodka-Redbull-Glas auf die Tanzfläche zu manövrieren, deshalb bot ich dem nächstbesten Tanzenden das letzte Drittel des Getränks an. Er nahm es und trank in einem Zug aus, während er mir in die Augen blickte. Er hatte dunkle Locken und einen verträumten Blick. Sollte das vielleicht die Alternative zu meinem Piloten sein, dem Flittchen? In schlechtem Englisch brüllte er mir etwas ins Ohr, das ich nicht verstand. Lächelnd nahm ich ihn an der Hand und zog ihn in den Menschenpulk.

Während wir tanzten, versuchte er sich immer wieder verständlich zu machen, doch ich hatte keine Lust zu reden. Er hieß Gerome und hatte einen starken französischen Akzent, wenn er versuchte, Englisch zu sprechen. Französisch spreche ich nicht, und sein Englisch war kläglich, dennoch verstand ich, dass er mit mir nach Hause gehen wollte. Die ersten Lichtstrahlen fielen bereits durch die großen Fenster auf die Tanzfläche, doch ich hatte ja morgen frei und wollte nicht nach Hause. Irgendwann stand mein Franzose in seiner Jacke an der Bar und beobachtete mich beim Tanzen. Ab und an brachte er mir ein Getränk, ansonsten wartete er stumm und geduldig.

Als ich irgendwann erschöpft die Tanzfläche verließ, hatte er bestimmt drei Stunden lang auf mich gewartet. Ich war todmüde.

»Jetzt muss ich ja schon mit dir mitgehen, weil du immer noch hier bist«, lachte ich, doch er blickte nur verständnislos.

»Taxi?«, fragte er in seinem angenehmen Akzent und ich nickte.

Im Wagen lachte ich albern, während er versuchte, dem Fahrer die Adresse zu erklären, dann sank ich kraftlos in den Sitz. Gerome versuchte ein Gespräch mit mir zu beginnen. Ich wollte nur noch die Augen schließen und seiner Stimme lauschen. Übermorgen war ich eh wieder weg und würde ihm nie wieder begegnen. Was interessierte mich sein Leben?

»Speak french«, forderte ich. Irritiert blickte er mich an und versuchte sich weiter in seinem schrecklichen Englisch verständlich zu machen. Er sah hübsch aus und roch angenehm, sein Körper gefiel mir ebenfalls, aber Worte waren mir zu wichtig, um das über mich ergehen lassen zu können. Ich hielt mir die Ohren zu und rief erneut:

»If you want me to stay, speak only french to me!«

Nun hatte er endlich verstanden und flüsterte mir erlösend unverständliche, wohlklingende Worte ins Ohr.

Endlich angekommen, betraten wir eine großzügig geschnittene Wohnung. Auf dem Boden lag eine Matratze, neben der ein riesiges Regal voller Bücher stand. Ich war zu müde, mich weiter umzusehen.

Gerome zog sich augenblicklich aus und zerrte mich an der Hand ins Badezimmer. Ich sträubte mich, wollte mich nur noch hinlegen. Er schaltete den Duschstrahl ein.

»Come.« Schon wieder Englisch. Und er ließ nicht locker. Es schien ihm sehr wichtig zu sein, also streifte auch ich widerwillig meine Kleider ab und stieg zu ihm unter die Dusche.

Er seifte sich sorgfältig ein und hielt mir dann das Duschgel hin. Es ging ihm nicht um Sex, sondern um die Reinigung. Erstaunlich, aber auch beruhigend, für alles andere war ich ohnehin zu müde. Das warme Wasser lullte mich angenehm ein und ich freute mich, den Schmutz der Nacht loszuwerden.

Während Gerome seine Zähne putzte, ging ich aus dem Bad und legte mich ins Bett. Ich schlief augenblicklich ein. Ich wachte auf, als Gerome mich rüttelte und eindringlich auf mich einredete. Ich spürte seinen harten Schwanz an meinem Oberschenkel. Ohne ein Wort zu verstehen, verstand ich ihn. Er wollte Sex. Und zwar jetzt. Das hätte ich mir denken können, dass es nicht so einfach werden würde mit dem Schlafen. Ich war hundemüde und betrunken, allein der Gedanke an Bewegung verursachte mir große Übelkeit.

»I'm too tired«, versuchte ich es. Gerome lag mittlerweile halb auf mir und keuchte erregt und fordernd in mein Ohr.

»Please, wake up.«

Seine Berührungen fühlten sich gut an. Leichte Erregung stieg in mir hoch, die meine Müdigkeit jedoch bei Weitem nicht besiegen konnte. Mittlerweile bettelte Gerome und rieb seinen Schwanz an meinem Bein. Ich spürte, wie er Feuchtigkeit auf meiner Haut verteilte. Ich überlegte, was jetzt am einfachsten wäre, um schnell wieder einschlafen zu können. Ihn machen lassen oder eine Abwehrdiskussion beginnen, die womöglich dazu führen würde, dass ich in mein Hotel fahren müsste. Ich entschied mich für die bequemere Lösung und stellte auf Autopilot.

»Na gut. You can fuck me. But don't expect me to move.«

Das ließ sich Gerome nicht zweimal sagen. Er rollte sich ganz auf mich und drang in mich ein. Sein überraschend großer Schwanz versetzte mich in Erstaunen, und ich begann meine Lethargie etwas zu bedauern. Doch nur geringfügig. Mein Entschluss stand fest, ich wollte mich nicht bewegen. So betrachtete ich das Buchregal und las mit steigendem Interesse die Buchtitel. Nicht wenige kannte ich, andere hatte ich schon immer mal lesen wollen. Er hatte großartige Werke gesammelt und musste sehr belesen sein. Das imponierte mir. Meine Sympathie für den mich rammelnden Gerome stieg. Doch war ich immer noch zu müde, seine Anstrengungen zu honorieren. Geschweige denn zu erwidern. Aber sein französisches Gestammel gefiel mir nach wie vor gut.

Gerome kam langsam zum Höhepunkt. Ich wunderte mich, wie feucht ich war. Und das trotz meines Desinteresses. Geromes Körper spannte sich an, er zuckte und spritzte ins Gummi. Im gleichen Moment wurde mir bewusst, dass all die tollen Bücher auf Deutsch waren und er sie folglich nicht gelesen haben konnte. Wer auch immer hier wohnte, Gerome war es jedenfalls nicht. Meine kurzzeitige Bewunderung verflog.

Immerhin war er jetzt fertig. Wir konnten uns aneinander kuscheln und endlich schlafen, während die Mittagssonne ins Zimmer schien.

DU KANNST ES MIR RUHIG
MORGEN WIEDERGEBEN!

Laura (26), Jurastudentin, Gießen
über
Tom (31), Unternehmensberater, Gießen

Den schlechtesten Sex meines Lebens hatte ich vor zwei Jahren. Das war aber auch wirklich ziemlich erbärmlich ... Ich hatte mich zwei Monate zuvor von meinem Freund getrennt, Mika. Ich glaube heute noch manchmal, dass es ein Fehler war, jedenfalls kam es mir damals oft so vor. Wir waren ein Jahr zusammen, dann hab ich ihn betrogen. Ziemlich unspektakulär, Mika war unterwegs und mir war langweilig.

Aber wir wohnen in Bonn, das ist ja nun nicht besonders groß, und ich hatte Angst, dass er es herausfindet. Also hab ich es wohl drauf angelegt, war ziemlich asozial ihm gegenüber und bald darauf haben wir uns getrennt. Ich war danach erst mal erleichtert, aber das hielt nicht lange an. Sehr bald fühlte ich mich immer mieser. Dass es auch noch meine eigene Schuld war, machte es nicht gerade besser. Und es war Winter, alle waren müde und schlecht gelaunt, und es war zu kalt zum Rausgehen.

An irgendeinem dieser tristen langen Abende, immerhin war Wochenende, hing ich auf einer Studentenparty rum. Mika lief mir beim Ausgehen eigentlich nie über den Weg, er ist Unternehmensberater, ist dauernd unterwegs, muss viel arbeiten und so. Also war ich ein bisschen erstaunt, als ich Tom, einen seiner Kollegen, auf der Party sah. Wir waren früher manchmal zu dritt ausgegangen, waren aber nie so richtig warm miteinander geworden. Ich steuerte auf ihn zu und fragte unverblümt, ob er wisse, was Mika so treibt. Tom sprach normalerweise nicht viel, meist über seine Arbeit. Das ist eigentlich ein Indiz für einen langweiligen Charakter, lässt aber auch viel Projektionsfläche zu. An diesem Abend war er angetrunken und recht gesellig. Er kannte wohl auch kaum Leute auf der Party, das Schicksal aller Vielarbeitenden. Also bemühte er sich um mich, bestellte einen Wodka-Redbull nach dem anderen und fütterte mich mit Geschichten über Mika. Leider ziemlich belanglos, doch hielt es mich an seiner Seite.

Irgendwann tanzten wir sogar. Mika hat nie getanzt, deshalb war ich beeindruckt, als Tom mich an der Hand auf die Tanzfläche führte. Er konnte gut tanzen und zog mich dabei immer enger an sich ran. Als es langsam leerer wurde, frage er mich, ob ich mit zu ihm kommen wollte. Klar, warum nicht. Immerhin hatte ich mich bisher ganz gut amüsiert. Er winkte einer Kellnerin, dass er bezahlen wollte.

»Sechsundachtzig Euro neunzig«, las er kurze Zeit später vor. »Da sagen wir mal achtundachtzig, ok? Dann sind das für jeden vierundvierzig. Hast du's klein?«

Irritiert sah ich ihn an, zog dann mein Portemonnaie hervor und zählte ihm das Geld in die Hand. Schlagartig war ich schlecht gelaunt. Meine Güte, Tom war Unternehmensberater, ich Jurastudentin. Da wäre ein bisschen Großzügigkeit ganz angebracht. Aber ich wollte mir nicht die Laune verderben lassen. Vielleicht machte er alles wieder gut, lud mich morgen zu einem Shoppingtrip nach New York ein, oder so. Man weiß ja nie. Also folgte ich ihm nach draußen, wo wir in ein Taxi stiegen. Vor seiner Haustür bezahlte er den Fahrer, stieg aus und hielt mir die Tür auf.

»Erst mal nen Grappa, oder?«, schlug er vor, als wir seine Wohnung betraten. Klar, mir war's recht. Seine Wohnung wirkte, als sei er gerade erst eingezogen. Alles war neu und wahrscheinlich bei Ikea oder sonst wo im Internet bestellt. Tom fragte, was ich hören möchte. Als wüsste man das, wenn man in eine fremde Wohnung kommt. Also legte er seichte Musik auf, wir setzten uns auf sein Sofa und fingen an zu knutschen. Ich ging noch mal ins Bad, um meine Strumpfhose auszuziehen. Ich hasse Strumpfhosen, aber es war ja Winter. Noch mehr hasse ich es, wenn Typen an Strumpfhosen herumziehen, das sieht unschön aus und sie gehen leicht kaputt. Und morgens verkatert und mit Laufmaschen aus fremden Wohnungen zu kommen, ist auch nicht so toll. Meine nackten Beine gefielen Tom offenbar, er kniete sich vor mich und fuhr mit seiner Zunge vom Knie an meinen Beinen hoch. Sehr schnell hatte er auch meinen Rock und Pullover ausgezogen und stand selbst in Boxershorts vor mir, aus denen sein Schwanz herausragte. Ich zog ihn wieder aufs Sofa, so dass er mit dem Rücken an der Lehne saß und setzte mich, nur noch mit Slip und BH bekleidet, breitbeinig auf ihn. Wir küssten uns und ich rieb mich an ihm. Tom zog meinen BH aus.

»Moment«, sagte er dann, stand auf und suchte seine Hose. Aus der Tasche zog er sein Portemonnaie, kramte zwei Kondome hervor und kam zum Sofa zurück. Schnell hatte er ein Kondom übergestreift, zog meine Beine auseinander und schob sich in mich.

»Oh Gott, ist das gut«, sagte er in mein Ohr.

Er stieß zweimal langsam zu, dann immer schneller. Ich krampfte protestierend meine Finger in seine Schulter. Was sollte denn das?

»Hey, Moment …«, weiter kam ich nicht. Toms Körper verkrampfte, zuckte und laut stöhnend bäumte er sich auf.

»Soso. Das war ja nicht mal ne Minute«, stellte ich fest und musste trotzdem grinsen. Er zog sich aus mir raus und unwillkürlich spürte ich Nässe und Feuchtigkeit, mehr als da sein sollte. Ich fasste mir zwischen die Beine, mein Grinsen erstarb. Auch Tom hatte nach seinem Schwanz gegriffen und hielt nun mit entsetztem Gesichtsausdruck ein tropfendes Kondom in die Höhe.

»Oh Gott, das Ding hat ein Loch!«

Ich griff nach der Packung, die auf dem Boden lag.

»Ich fass es nicht ... Du Idiot! Das ist vor über einem Jahr abgelaufen!« Ich wühlte hektisch meine Sachen zusammen. Hysterie überkam mich. »Scheiße, verdammte! Ich nehm nicht die Pille. Wenn ich jetzt schwanger bin ...«

Tom lief wild schimpfend im Zimmer auf und ab. Von ihm war kein Rat zu erwarten. Ich griff nach meinem Handy und drückte hektisch auf die Tasten. Es war nach 4 Uhr morgens, doch nach ein paar Mal Läuten meldete sich meine Freundin Karo mit verschlafener Stimme: »Hallo?«

»Es tut mir leid! Aber hör mal zu, es ist eine Notsituation.« Kurz erläuterte ich ihr meine Lage.

»Ok, keine Panik. Ihr fahrt jetzt zum Krankenhaus, du brauchst ein Rezept für die Pille danach. Die Pille kriegst du in der Apotheke. Du hast 72 Stunden oder so. Ich weiß aber nicht genau ...«, beruhigte sie mich.

»Los, Tom, zieh dich an. Wir müssen zum Krankenhaus«, rief ich, nachdem ich mich von Karo verabschiedet hatte.

»Muss das jetzt sein? Kannst du das nicht morgen ...«

Mein vernichtender Blick war Antwort genug und folgsam zog er sich an. Mit dem Taxi fuhren wir zum nächsten Hospital, wo wir nach einer Stunde Warten zum Arzt vorgelassen wurden. Wir sprachen nicht viel, ich war müde und der Alkoholpegel war jetzt auch nicht mehr so angenehm. Tom schimpfte noch immer vor sich hin. Mittlerweile ging er mir damit auf die Nerven. War das alles etwa meine Schuld? Irgendwann lehnte er den Kopf an die Wand, und als ich mit dem Rezept in der Hand aus dem Sprechzimmer kam, war er fest eingeschlafen. Unsanft rüttelte ich ihn.

»Komm, wir müssen noch zur Notapotheke.«

»Na, ganz toll, ich hab morgen wichtige Termine!« Schlecht gelaunt stieg er erneut mit mir ins Taxi. »Ganz schön teuer, das alles«, murrte er, als er den Fahrer bezahlte. Ich schluckte.

»Na, immerhin hast du ja an den Kondomen gespart.«

Der Apotheker versah mich mit einem strafenden Blick, bevor er mir das Gewünschte aushändigte. »Das macht 13 Euro.«

Ich wühlte in meiner Geldbörse, doch seit wir die Cocktails geteilt hatten, war ich nahezu mittellos. Ungerührt stand Tom neben mir, während ich den Inhalt ausleerte und 2,80 Euro in kleinen Münzen abzählte.

»Okay, ich leih dir den Rest«, seufzte er dann. Wie erstarrt stand ich neben ihm.

»Äh, ja. Danke. Falls wir uns noch mal sehen sollten, geb ich's dir wieder ...« Dann drehte ich mich grußlos um, verließ die Apotheke und machte mich auf den Weg zur Stadtbahn.

WUNDERBAR SCHWINDLIG

Nina (29), Boutiquebesitzerin, Frankfurt
über
Alain (33), Paris

Als ich gerade fünfzehn Jahre geworden war, machte ich mit meiner Familie Urlaub auf einer kleinen griechischen Insel. Meine Eltern lagen am Strand und lasen, ich badete im Meer, als plötzlich ein Junge vor mir auftauchte. Er rief mir etwas zu, auf Französisch. Da ich kein Wort Französisch sprach, musste ich irgendwas zurückrufen. »Wie bitte?«, was er wiederum nicht zu verstehen schien und mit erneutem Französisch quittierte. Die Unterhaltung war öde, ich winkte kurz zum Abschied und lief zu meinen Eltern zurück. Der Junge folgte.

Kurze Zeit später war er in eine intensive Unterhaltung mit meinem Vater vertieft. Dieser spricht gut französisch und war am Ende eines langweiligen Strandtages begeistert, sich in seiner Lieblingssprache unterhalten zu können. Der Junge hieß Alain, was ich ziemlich porno fand.

Mein Vater hatte ihm offenbar erzählt, wo wir wohnten, denn abends tauchte er im Hotel auf und fragte, ob ich mit ihm spazieren gehen wollte. Alain sprach nur rudimentäres Englisch und es war mühsam, sich mit ihm zu verständigen. Dennoch ging ich mit, es war der letzte Abend und mit fünfzehn hatte ich sowieso nie was vor. Zielstrebig führte er mich zum Hafen, einen Bootssteg entlang und sprang auf ein Boot, dessen Besitzer offenbar nicht da waren. Es war dunkel und es schien niemand auf uns zu achten, also folgte ich ihm. Wir setzten uns auf eine Sitzbank und

Alain küsste mich. Es war mein erster Kuss, anfangs ziemlich feucht, doch bald machte es mir Spaß. Ich hatte schon lange küssen wollen, doch vorher niemanden dazu gefunden. Alain fasste unter mein XL-Shirt. Ich zog den Bauch ein und versuchte, jeden erdenklichen Muskel meines Körpers anzuspannen. Als er die Hand in meine Shorts schob, schubste ich ihn zurück. Doch als er meine Hand in seine Jeans schob, war ich wieder neugierig. Es war das erste Mal, dass ich ein männliches Geschlechtsteil in der Hand hielt, seit ich vor acht Jahren mit meiner Kindergeburtstagsgruppe im Garten gezeltet hatte.

Doch anders als bei den Kinderspielen, war dieser Schwanz groß und steif und sobald ich ihn vorsichtig umfasst hatte, stöhnte Alain und spritzte auf meine Hand. Stolz erfüllte mich. Ich hatte einen Jungen gewichst. Ich fühlte mich ziemlich cool und sah mich schon auf dem Schulhof, umringt von meinen Freundinnen.

Alain brachte mich zurück ins Hotel, wo meine Eltern draußen in einer Bar saßen. Wieder unterhielt er sich angeregt mit meinem Vater, dann brachte er mich zum Zimmer, vor dessen Tür wir wild knutschend Abschied nahmen. Begeistert ging ich ins Bett. Ich fühlte mich schön, reif und begehrenswert.

Am nächsten Tag erfuhr ich von meinem Vater, dass er den wohlerzogenen jungen Franzosen auf dessen Bitte hin nach Deutschland eingeladen hatte. Ich umarmte ihn stürmisch und dankbar. Die ganze Rückreise über erging ich mich in romantischen Gefühlen, hörte Radiohead auf meinem Walkman und war für niemanden ansprechbar.

Zwei Wochen später holten wir Alain abends vom Bahnhof ab. Er wollte von Freitag bis Montag bei uns bleiben und sollte im Gästezimmer übernachten. Mein Herz klopfte wild und ich brachte die ganze Fahrt über kein Wort raus, während Alain charmant auf meine Mutter einredete. Sie verstand ihn nicht, mochte ihn aber offensichtlich gern und grinste amüsiert, als er ihr übers Haar strich und »Très jolie« sagte.

Zuhause angekommen, aßen wir im Garten. Alain fragte mich, ob abends irgendwo eine Party sei. Ratlos schüttelte ich den Kopf. Ich hatte zu dieser Zeit nicht besonders viele Freunde, wir gingen ins Schwimmbad, trafen uns auch mal abends oder feierten Geburtstage. Aber die Partyzeit war noch nicht angebrochen.

Mein Vater und Alain unterhielten sich über Wein. Alain kannte sich hier anscheinend aus und würdigte die drei Flaschen, die mein Vater während des Essens aus dem Keller holte, wortreich. Er rauchte eine Zigarette nach der anderen, was meinen Eltern nicht besonders gefiel. Mich störte es nicht. Später saßen die beiden noch lange im Garten, während meine Ma und ich den Fernsehkrimi sahen. Enttäuscht ging ich ins Bett. Alain fand mich offensichtlich nicht besonders interessant.

Gegen eins stand er in meinem Zimmer. Schnell verstand ich, was er wollte, der Begriff war beim Abendessen oft gefallen. Bereitwillig holte ich ihm eine Flasche Rotwein aus dem Keller. Leider hatte ich nicht an einen Öffner gedacht, doch Alain drückte mit einer dicken Schere den Korken in die Flasche, setzte sie an den Hals und hielt sie mir danach auffordernd hin. Dann kam er auf mich zu, küsste mich und schob mich zum Bett. Alles war ganz wunderbar, er blieb, bis es hell wurde, wieder fasste ich seinen Schwanz an, und er zeigte mir, wie ich ihn festhalten und auf und ab fahren sollte.

Am nächsten Tag gingen wir ins Freibad. Ich fand es aufregend, so in der Öffentlichkeit geküsst zu werden. Doch fühlte ich mich bald ziemlich unwohl, denn ich hatte das Gefühl, alle starren uns an. Auch bemerkte ich, wie Alain mit offenem Mund zwei älteren Mädchen in ebenso knappen wie prallen Bikinis hinterherstarrte. Deprimiert schaute ich an mir runter und zog schnell mein Big-Shirt über. Ich war ganz froh, als wir abends wieder zu Hause waren. Doch Alain langweilte sich. Er erzählte mir von seinen Freunden in Frankreich und dass da jeden Tag Partys seien. Er hatte gedacht, das wäre hier auch so.

Mein Vater nahm uns später mit zu einem Dixie-Konzert, auf dem nur ältere Männer waren und wir uns nun beide sehr langweilten. Der Rest der Nacht verlief wie die erste, ich klaute Wein, wir küssten, streichelten und befingerten uns. Sobald wir im Bett waren und nicht reden mussten, war eigentlich alles ganz okay.

Der dritte Tag war unser letzter gemeinsamer. Wir verschliefen ihn halb, da wir bis fünf Uhr wach geblieben waren. Auch machte mir der ungewohnte Weinkonsum ziemlich zu schaffen. Nachdem wir gegen 16 Uhr gefrühstückt hatten, gingen wir spazieren. Alain erzählte mir in seinem bruchstückhaften Englisch von den Partys, die er an diesem Wochenende verpasst hatte und jenen, die er nächste Woche besuchen würde. Ich schämte mich. Und hasste ihn. Außerdem war ich melancholisch und hatte Liebeskummer, weil ich nicht wollte, dass er am nächsten Morgen wegfuhr.

An diesem Abend tranken wir wieder Wein im Garten. Ich hatte meine Freundinnen eingeladen, und wir führten eine mühevolle Konversation. Alain rauchte Kette. Ich war stolz auf meinen Gast, obwohl er mir entschieden zu wenig Aufmerksamkeit zukommen ließ. Er sprach wild gestikulierend auf die hübschere meiner beiden Freundinnen ein, so dass ich froh war, als die beiden sich gegen zwölf verabschiedeten. Nachdem meine Eltern zu Bett gegangen waren und Alain zu mir rübergeschlichen war, fragte ich ihn, was mir schon die ganze Zeit auf dem Herzen lag: »Do you love me?«

»Oui«, antwortete er. Das war beruhigend, und glücklich ließ ich mich von ihm küssen.

»I want to sleep with you«, flüsterte er kurze Zeit später in mein Ohr.

»Non«, antwortete ich. Es ging eine Weile hin und her, dann hatte er mich überredet. Warum weiß ich auch nicht. Irgendwie wollte ich wohl gerne wissen, wie das so war. Es würde ja auch niemand erfahren. Viel mehr habe ich mir damals tatsächlich nicht dabei gedacht.

Also lag Alain kurze Zeit später auf mir und versuchte, sein Ding in mich hineinzuschieben. Vorher hatte er ein Kondom übergezogen, jetzt war er nur noch halbsteif. Es klappte nicht, obwohl er so fest er konnte gegen mich drückte und mir dabei ziemlich wehtat. Ich wand mich unter ihm hervor und flüchtete ins Bad. Mittlerweile bereute ich mein Zustimmen. Ich hatte ja nicht gewusst, dass das so wehtat. Und so mühsam war. Als ich irgendwann wieder zurück ins Zimmer musste, wichste Alain eifrig seinen Schwanz. Verdammt, dachte ich. Ich setzte dazu an, ihm meine Entscheidung mitzuteilen, doch er küsste mich wild und drängelte wieder meine Beine auseinander. Mit aller Kraft versuchte er, erneut in mich zu stoßen.

»Non«, wiederholte ich und versuchte mich unter ihm hervorzuwinden, doch in diesem Moment stieß er besonders gewaltsam zu und drang in mich ein. Ich schrie laut auf und stieß ihn mit aller Kraft von mir. Es tat weh. Alain taumelte zwei Schritte, verharrte und schlenderte dann Richtung Badezimmer. Ich blickte an mir runter und erkannte, dass ich in einem Blutfleck saß. Oh fuck, das war dann wohl meine Entjungferung!, dachte ich, während ich hinter Alain ins Badezimmer lief, um einen Lappen zu holen. Die Tür war nur angelehnt. Mein Lover hatte sich die Haare nach hinten gekämmt und posierte in Gangsterpose vor dem Spiegel. Obwohl ich mich gerade noch hundeelend gefühlt hatte, musste ich lauthals lachen. Beleidigt ging Alain in sein Zimmer und ließ mich allein im Bad stehen.

Ich wischte noch eine Zeit lang an dem Fleck rum, hasste Alain, hasste mich und hasste die ganze Welt. Dann schlief ich ein.

Als mein Besuch am nächsten Tag nach Frankreich zurückfuhr, hat er ein Päckchen Lucky Strike und ein Sturmfeuerzeug bei mir liegen gelassen. Abends stand ich am Fenster, hörte Radiohead und fand im Nachhinein alles doch ganz romantisch. Es passte gut, mir in dieser Stimmung eine seiner Zigaretten anzuzünden. Mir wurde wunderbar schwindlig.

Ein Laster übrigens, das ich nie wieder richtig losgeworden bin. Danke, Alain.

MEIN FREUND KOMMT
IN EINER HALBEN STUNDE

Monika (36), Physiotherapeutin, Jena
über
Klaus (33), Fitnesstrainer, Jena

Ich hab mal einen Typen aus einer Bar mitgenommen. Er hatte einen furchtbaren Namen, Klaus. Ich hab ihn sofort gefragt, ob ich ihn nicht einfach »Kay« nennen kann, was Besseres fiel mir nicht ein. Er fand das okay. Kay war neu in Berlin und hat mir was von Fitness und Seminaren erzählt. Er sah ziemlich gut aus, groß und breit, ein bisschen wie Arnold Schwarzenegger in »Running Man«. ... Toll, du lachst. Alle meine Freundinnen lachen über meine Geschmacksverirrung, aber ich bin halt ein Kind der Achtziger geblieben. Diese dürren Gestalten, die heute so rumlaufen, sind nicht mein Fall.

Jedenfalls sind wir zu mir gegangen und haben gevögelt. Schon vorher, im Taxi auf der Rückbank, hat er mir meinen Slip ausgezogen und mich gefingert. Den Slip hat er wohl einfach auf den Boden geworfen, was mich heute immer noch ärgert. Als ich ihn später danach gefragt hab, hatte er ihn nicht mehr.

Bei mir zog ich Kay in mein Schlafzimmer, zum Bett. Ich finde, das ist der allerbeste Ort, um Sex zu haben. Doch nach fünf Minuten sprang er auf, lief durch meine Wohnung und suchte nach irgendwas. Dann kam er zurück und trug mich ins Wohnzimmer. Auch okay, also haben wir da auf dem Sofa weitergemacht. Er hat aber immer den Kopf so komisch gedreht und irgendwann hab ich kapiert, dass der Typ die ganze Zeit in den Spiegel starrt. Das musst du dir mal vorstellen! Er hat meinen Spiegel ernsthaft so hingestellt, dass er sich beim Ficken darin betrachten konnte. Und das hat er auch ausgiebig getan, die ganze Zeit. Mich hat er eigentlich gar nicht mehr angesehen.

Alles ziemlich abtörnend. Ich hab versucht, uns so zu drehen, dass er mit dem Rücken zum Spiegel steht, sich also nicht mehr sieht. Ich dachte, dann konzentriert dieser Kay sich wieder auf mich. Aber stell dir vor, und das war die Höhe, er hat sich daraufhin erst recht angestarrt. Und zwar hat er dermaßen den Hals verrenkt, dass er seinen Hintern im Spiegel betrachten konnte! Den hat er immer so dumm angespannt und ab und zu sogar rausgestreckt. Gleichzeitig den Hals gereckt, um verzückte Blicke drauf zu werfen. Total uncool. Er kam auch ziemlich bald, wild stöhnend, und brach auch noch so showmäßig auf mir zusammen. Ich hab bis dreißig gezählt und gesagt:

»Du, Klaus, du kannst hier nicht schlafen. Mein Freund kommt so in ner halben Stunde.«

Da ist er ziemlich schnell verschwunden. Vorher hat er mir noch so ne Einladung auf den Tisch gelegt. Von dem Fitnessstudio, in dem er arbeitet. Ich denk noch, den Gutschein kann er ruhig behalten. Aber dann hab ich gesehen, dass es kein Gutschein war, sondern einfach Werbung. Tja. Vielleicht geh ich trotzdem irgendwann mal in einen seiner Kurse. Ich kann mir genau vorstellen, wie Klaus vor seiner Frauengruppe steht und immer den Kopf verdreht, um seinen Arsch im Spiegel zu sehen.

BESSER ALS GAR KEIN SEX?

Mailin (23), Kommunikationsdesign-Studentin, Hannover
über
Fabian (28), PR-Berater, Hannover

Schlechter Sex ist immer noch besser als gar kein Sex. Das sagen zumindest die Männer. Für Frauen ist das, glaub ich, anders. Was man nicht alles mitmacht, um Männer zufrieden zu stellen, der Harmonie wegen oder einfach, um anschließend seine Ruhe zu haben! Und im Nachhinein weiß man nicht mehr, wieso.

Mein erster Freund hatte ein Problem damit zu kommen. Es hat ewig gedauert, manchmal fast zwei Stunden. Das Schlimme dabei war, dass er irgendwann schlecht gelaunt wurde und vor sich hin geschimpft hat. Aufhören wollte er aber auch nicht, niemals, also hab ich an ihm gesaugt und gelutscht, mich in allen Positionen vor ihm dargeboten, geflüstert und gelockt, während er ab und an geflucht hat. Ich fand das damals okay, wir hatten sonst viel Spaß miteinander. So hab ich stets vollen Einsatz gezeigt, bis wir irgendwann erschöpft, aber zufrieden zusammengebrochen sind. Ich dachte, das sei ganz normal, Sex wäre einfach sehr anstrengend. Ich war beim Sex deshalb immer so beschäftigt, ihn zum Kommen zu bringen, dass ich gar nicht dazu kam, zu überlegen, was mir selbst gefallen könnte. Ich zog meine Befriedigung vielleicht eher aus dem sportlichen Aspekt, ihn zu befriedigen.

Fabian, der Freund, der danach kam, war ein anderes Extrem. Er hatte ungeheuer viel Energie und eine Begeisterungsfähigkeit, an der es mir völlig mangelt. Ich bin eher etwas lethargisch und musste mich sehr anstrengen, um mitzuhalten. In unserer ersten Nacht war ich anfangs erstaunt, dann hingerissen und irgendwann ein wenig schockiert. Das Schockiertsein nahm zu, als ich begriff, dass es sich nicht um ein einmaliges Erlebnis handelte, das von der Begeisterung der ersten Nacht herrührte, sondern für ihn völlig normal war. Nachdem er gekommen war, hielt er kurz inne, doch dann bewegte er sich langsam weiter, wurde bald schneller, und alles begann von vorne. Aber nicht nur einmal, er konnte beinahe übergangslos siebenmal hintereinander mit mir schlafen. Vielleicht auch öfter, das wollte ich aber nicht herausfinden.

Meine Mitbewohnerin, die alles mitanhören musste, schenkte ihm nach einer Woche ein T-Shirt mit einer großen Alligator-Applikation über der Brust. Erfreut, aber ratlos zeigte er mir sein Präsent. Ich verstand sofort. »Die ganze Kraft im Schwanz«, erklärte ich resigniert. Mindestens ebenso anstrengend wie der körperliche Aspekt war, dass er bereits nach einer halben Stunde zum ersten Mal das Ausbleiben meines Orgasmus anmerkte. Die Problematisierung dieses Themas ist allerdings nicht wirklich hilfreich. Was denken sich die Typen eigentlich? Ein aufmunterndes »Sag mal, läuft irgendwas falsch? Warum kommst du denn nicht« wirkt sicherlich Wunder beim nächsten Mal.

Also fakte ich einen Orgasmus nach dem anderen, denn Fabian gefiel mir sonst sehr gut. Er war etwas älter als ich, hatte viele interessante Gedanken, war offen und humorvoll, wir verstanden uns gut. Und er war ganz eindeutig begeistert von mir. So sehr mir das gefiel, setzte es mich auch unter Druck, da ich nicht wollte, dass es sich änderte.

Im Bett war es einfach sehr, sehr anstrengend. Er wollte immer mehr und immer wieder und tat dabei in einem fort seine Begeisterung kund, wohl um mich anzuspornen. Er schien auch kaum Schlaf zu benötigen, denn meist hielt er mich mindestens bis

4 Uhr wach. Ich fiel dann erschöpft ins Koma. Fabian musste morgens zwischen 9 und 10 Uhr im Büro sein und sprang spätestens um halb neun auf, um zu duschen und dabei vor sich hin zu singen. Ich dagegen verschlief grundsätzlich mein 12-Uhr-Seminar, um gegen 13 Uhr von meiner Mitbewohnerin, die den langen Weg zur Uni schon aus Prinzip nicht allein zurücklegen wollte, mit Kaffee am Bett wiederbelebt zu werden. Dann überlegten wir gemeinsam, ob sich der Weg zum 14-Uhr-Seminar lohnte.

Nach der Arbeit kam Fabian sofort zu mir oder holte mich ab. Aber er rief schon tagsüber oft an, um zu sagen, dass er mich vermisse oder sich vorstelle, ich läge nackt vor ihm auf dem Tisch und was er alles mit mir machen würde. Ich brauchte die Tage dringend zur Regeneration und hätte gerne darauf verzichtet. Aber ich war auch geschmeichelt von so viel Aufmerksamkeit und wollte ihn nicht verärgern. Also Telefonsex auf U-Bahn-Treppen, in Unifluren oder auf der Straße. Meine Mitbewohnerin lief je nach Laune lachend, kopfschüttelnd oder schmollend drei Meter hinter mir her.

Unser Sexualleben durchlief verschiedene Phasen, ebbte jedoch niemals ab. Die erste Phase war Verliebtheit, Fabian flüsterte mir Liebesschwüre ins Ohr, hielt mich beim Sex fest an sich gedrückt und küsste mir zärtlich Hals und Nacken. Die zweite Phase war eher porno, er schlug auf meinen Hintern, drückte meinen Kopf nach unten, hielt mir den Mund zu. Mit ihm hatte ich auch zum ersten Mal Analsex, das war die dritte Phase. Das steigerte sich in der vierten Phase dahingehend, dass ich mich beim Sex wehren sollte. Ich schrie, wand mich, bettelte, doch stets besiegte er mich. Er mochte auch Rollenspiele, in denen er sich mir kleinem Mädchen mit bösen Absichten näherte, doch hier erwies ich mich als wenig phantasiebegabt. Auch konnte ich nicht wirklich ernst bleiben.

Er nahm mich manchmal mit in sein Büro, wo wir Sex in den Fluren oder auf der Toilette hatten, zog mich in Clubs in die Klokabinen oder ließ sich im Auto von mir einen blasen. Er fesselte mich, jedoch nie zweimal am selben Ort. Beim ersten Mal schnürte er mich ans Bett, einen Tag später an die Heizung in seinem Bürozimmer, dann band er meine Arme nachts an den Kopfstützen seines Wagens fest. Es war sehr aufregend und intensiv, seine Gier machte mich stolz, doch war für mich alles viel zu viel. Wenn ich Fabian darauf ansprach, dass er mich überfordere, brach für ihn eine Welt zusammen. Zumindest tat er so. Er war verletzt, zweifelte an meiner Liebe, unterstellte mir Gefühlskälte. Eigentlich drehte er den Spieß immer um, so dass ich mich plötzlich nächtelang rechtfertigen musste, mich um ihn bemühte und meine Liebe bezeugte. Er war ein geschickter Manipulator und ich war damals zu dumm, das zu erkennen.

Aber es gab immer öfter Momente, in denen ich unsere Beziehung in Frage stellte. Den Ausschlag gab die Silvesternacht 2002. Ich hatte zuvor für acht Tage meine Eltern besucht, die in Trier wohnen. In unserer fünfmonatigen Beziehung war das die erste mehrtägige Trennung. Ich genoss die Distanz und die Ruhe. Mir fehlte nichts, im Gegenteil. Nur mein Handy hätte ich am liebsten aus dem Fenster geworfen.

Fabian rief stündlich an. »Ich hab gerade meinen Schwanz in der Hand«, sagte er beispielsweise zur Begrüßung.

»Ich stehe gerade an der Wursttheke«, erwiderte ich, auch wenn ich eigentlich im Bett lag oder den Dackel meiner Eltern spazieren führte. Da ich meist nicht wunschgemäß antwortete, wurde er ungehalten und eifersüchtig. Also rief er mich noch öfter an, beteuerte seine Sehnsucht und ging mir auf die Nerven.

Auf der Zugfahrt zurück nahm ich mir vor, ganz bald mit Fabian zu reden. Nicht gerade heute, an Silvester, das kam mir gemein vor. Ich würde den Abend mit ihm noch irgendwie rumkriegen müssen. Aber doch auch nicht am Neujahrstag ... Ich verfluchte die Feiertage, die mich zwangen, mich zu verstellen.

Als der Zug in den Bahnhof einfuhr, sah ich ihn sofort auf dem Bahnsteig stehen. In der Hand hatte er einen riesigen Strauß rote Rosen und in der anderen hielt er ein großes Schild: »Mailin, ich liebe dich!!!« Er hatte tatsächlich drei Ausrufezeichen auf dieses Schild gemalt. Mein Magen krampfte sich zusammen und ich wurde knallrot. Ich schämte mich für ihn.

Es wurde auch nicht besser, als er wie besessen auf mich zurannte, mich theatralisch an sich riss und im Kreis herumwirbelte, während mir das Schild gegen den Hinterkopf schlug und die Rosen meine Backe zerkratzten.

Er schien zu spüren, dass etwas nicht stimmte, denn hatte er mich früher wegen jeder kleinen Nachlässigkeit zur Rede gestellt, tat er jetzt, als würde er meinen fehlenden Enthusiasmus gar nicht bemerken. Dafür redete er laut und überschwänglich auf mich ein, sprach von der bevorstehenden Silvesterparty, wie er mich vermisst habe und dass wir doch ganz bald in Urlaub fahren müssten.

Wir sind noch zusammen zu dieser Party gegangen. Nach ein paar Gläsern Sekt konnte ich nicht anders, als einer Freundin von meiner Entscheidung und dem mir bevorstehenden Drama zu erzählen. Während ich ihr ins Ohr schrie, um die Musik zu übertönen, lief Fabian mehrmals an uns vorbei, drückte mich besitzergreifend an sich oder tätschelte im Vorbeigehen meinen Hintern. Ich fühlte mich schrecklich.

Gegen vier Uhr morgens waren wir bei Fabian zuhause. Bereits im Taxi hatte er mich halb ausgezogen. Die achttägige Trennung machte sich nun richtig bemerkbar. Fabian küsste mich wild und ich kann mich erinnern, dass sich nun wieder leise Zweifel in mir regten, ob ich mich wirklich trennen wollte. Er küsste gut, und ich freute mich plötzlich sogar ein bisschen auf die Nacht mit ihm. Zuhause fielen wir sofort übereinander her. Er zog mich auf den Boden im Flur, wo wir uns inmitten von Taschen, Schuhen und Tüten ineinander verkeilt liebten. Nach kurzer Zeit kam er in mir und wir blieben erschöpft liegen. Sofort wurden mir die Kälte und die Unbequemlichkeit meiner Lage bewusst, ich löste mich aus seiner Umarmung und ging ins Badezimmer. Nach wenigen Minuten stand Fabian im Zimmer, nackt und erregt.

Irgendwann gegen sechs wollte ich schlafen. Fabian hatte mir gerade auf den Bauch gespritzt und so rutschte ich von ihm weg, zog mir ein Kissen über den Kopf und drehte mich demonstrativ zur Wand.

Doch er rutschte hinterher.

»Baby«, flüsterte er, »bitte, komm wieder her.«

Ich versuchte ihn zu ignorieren, doch er zog sanft an mir, bettelte, rückte dann ganz nah an mich und drückte seinen Schwanz gegen meinen Rücken.

»Einmal noch, bitte, dann lass ich dich schlafen. Versprochen.«

Ich weiß selbst nicht, warum ich ihn nicht einfach angeschrien oder aus dem Bett geworfen habe, vielleicht bin ich charakterschwach, aber irgendwie fehlte mir dazu die Kraft. Ich wählte, wie immer, den einfacheren Weg. Einmal noch, dachte ich, er hat es versprochen.

Also drehte ich mich zu ihm um. Er rollte sich auf mich und drang in mich ein. Nachdem wir uns eine Weile miteinander bewegt hatten, stand er plötzlich auf und lief aus dem Zimmer. Als er wiederkam, hatte er ein Bettlaken dabei, das er auf dem Parkettboden ausbreitete. Dann hob er mich vom Bett und legte mich darauf. Er selbst blieb über mir stehen und wichste seinen Schwanz.

»Baby, das will ich schon die ganze Zeit ausprobieren«, sagte er, »darf ich dich anpissen? Bitte!«

Ich erstarrte. Was machte ich hier? Wie war ich hier hergekommen? Schlagartig wurde mir die Absurdität meines Verhaltens vollends bewusst. Und vor allen Dingen wurde mir die Absurdität *seines* Verhaltens bewusst.

Ja, klar, bitte, warum nicht, Hauptsache, du lässt mich danach schlafen, hast du ja versprochen …

»Spinnst du?«, fauchte ich. Ich richtete mich auf und starrte ihn an. In diesem Moment konnte er meinem Blick nicht standhalten.

»Hey, Süße, beruhig dich. Ist doch nichts dabei! Komm, bitte, lass mich … Warum denn nicht?« Er wurde langsam unsicher.

»Weil ich nicht will, du Idiot«, schrie ich. Plötzlich platzte alles aus mir heraus. »Weil ich dich überhaupt nicht mehr will! Weil du mir auf die Nerven gehst und ich dauernd Dinge tue, die ich nicht will. Und ich will nicht mehr alles für dich machen! Ich verlasse dich!«

Damit sprang ich auf und stürzte aus dem Zimmer. Ich fühlte mich, als wäre eine tonnenschwere Last von meinen Schultern genommen. Ich war hellwach und wie elektrisiert. Schnell meine Sachen packen und die Wohnung verlassen. Mein Herz schlug … endlich frei!

Als ich mit einer großen blauen Ikea-Tüte durch die Zimmer lief und alles einsammelte, was mir gehörte, lief Fabian bettelnd und weinend hinter mir her.

Er tat mir leid, gleichzeitig widerte mich sein Gejammer an. Es war vorbei. Als ich die Wohnung verlassen wollte, warf er sich heulend vor meine Füße.

»Bitte, bitte, verlass mich nicht!« Er war nur noch ein Schatten seiner selbst. Nichts war übrig von der Autorität und der Macht, die er über mich besessen hatte. Ich stieg einfach über ihn hinweg.

Seither hab ich keine feste Beziehung mehr, schon fast zwei Jahre. Ich hab mir damals vorgenommen, mich mehr um mich und weniger um andere zu kümmern. Ein wirklich guter Vorsatz, vor allem beim Sex.

BELESEN WIE BRAD PITT

Carolin, 39, Fremdsprachensekretärin, Dortmund
über
Nikolas (35), Promovend in
Literatur und Philosophie, Dortmund

Vor einigen Jahren sah ich im Fernsehen die Talkshow »Oprah«. Gast des Abends war Brad Pitt, der in dieser Sendung von seinem Wechsel ins Charakterfach berichten wollte. Doch die Zuschauer machten nicht mit. Die Moderatorin erging sich in banalen Fragen nach fragwürdigen Auszeichnungen wie dem Titel »Sexiest Man Alive« und die weiblichen Talkshow-Gäste stimmten bei jedem Wortbeitrag Pitts ein ohrenbetäubendes Kreischkonzert an, so dass an eine seriöse Befragung nicht zu denken war. Ganz der Profi nahm Frau Winfrey es mit Humor.

Nicht so Brad Pitt. Er wurde sichtlich ungehalten. Die Enttäuschung über die oberflächliche Würdigung seiner Person stand ihm ins Gesicht geschrieben. Seine Antworten wurden knapp, er wollte eigentlich nur noch weg von seinen Fans. Er hatte offensichtlich genug davon, auf sein Äußeres reduziert zu werden, wollte mehr sein als ein Knackarsch mit dicken Brustmuskeln. Das konnte ich verstehen.

Auch ich hatte die Schnauze voll davon, ein Arsch und zwei Titten zu sein. Ich hatte genug vom hirnlosen Sex mit enthaarten, gut gebauten Fitnessstudiogängern, mit denen man am Sonntag gemeinsam die Sonnenbank besuchen konnte. Die meisten Männer wollen immer nur Sex oder ihre Ruhe. Mein letztes Verhältnis,

Gunnar, hatte mich gelangweilt und unterfordert, so wie zahlreiche vorhergehende auch schon. Ich hatte ihn auf einem Straßenfest kennengelernt. Anfangs hatten wir eine erstaunliche Anziehungskraft aufeinander ausgeübt, zumindest schien es mir so.

Doch nach einer Weile saß Gunnar lieber vor dem Fernseher und ich fragte mich, wie ich überhaupt auf die Idee hatte kommen können. Gunnar beteuerte gerne seine Liebe zu mir, bevorzugt per SMS. Dabei hat er es geschafft, in jeder noch so kurzen SMS einen Rechtschreibfehler einzubauen. Das hätte mich nicht gestört, wirklich nicht, wenn er nicht gleichzeitig so impertinent stolz auf sein Geschreibsel gewesen wäre. Ständig sollte ich ihn loben und ihm danken, dass er überhaupt an mich gedacht hatte. Als Gunnar dem Bertelsmann-Club beitrat, nicht etwa um zu lesen, sondern um etwas – was auch immer – ins Regal stellen zu können, trennte ich mich von ihm.

Ich machte mich damals auf die Suche nach einer Verbindung von Intellekt, Phantasie und Leidenschaft. Das klingt lächerlich, aber genauso war es. Also bat ich meine Kollegin, mit mir abends eine erotische Lesung zu besuchen, von der ich in der Zeitung gelesen hatte. Doch das war ihr offenbar zu mühsam.

»Da kann ich leider nicht, aber, haha, stell dich doch ans Philosophie-Regal der Dortmunder Stadtbibliothek!«, riet sie mir. Während ich noch überlegte, wo man schlaue, gebildete Männer treffen könnte, löste sich das Problem von allein. Im Blumenladen begegnete mir Nikolas. Er belehrte gerade eine junge Verkäuferin über den artgerechten Umgang mit einer »datura abutrea«. Das arme Mädchen hatte für die »Engelstrompete«, wie das Schild mir verriet, anscheinend einen ungeeigneten Standort gewählt und Nikolas empörte sich über die schlechte und unkundige Behandlung des armen Pflänzchens.

»Hochinteressant!«, rief ich mit unverstelltem Enthusiasmus, und Nikolas blickte erfreut zu mir.

»Finden Sie wirklich?«

Schnell waren wir in ein Gespräch vertieft, das wir in einem nah gelegenen Café fortsetzten. Nikolas enttäuschte meine Erwartungen nicht, im Gegenteil. Er war gebildet, belesen und interessiert. Hingerissen lauschte ich seinen Ausführungen zu meinen Lieblingsbüchern und den Klassikern meiner Jugend, staunte über Interpretationsansätze und Informationen zu Zeitgeschehen und Entstehungsgeschichte. Auch über Filme, Theater und Ausstellungen konnte man ihn befragen. Zudem war Nikolas ein aufmerksamer Zuhörer, der viel nachfragte und persönliche Themen nicht scheute. Noch am gleichen Abend gingen wir italienisch essen, blieben bis tief in die Nacht sitzen, redeten und tranken Rotwein.

Nikolas sah tatsächlich aus wie ein Klischee-Intellektueller in Filmen, aber das gefiel mir. Er trug eine Hornbrille und kombinierte gern Sakkos mit Kordhosen. Er promovierte in Literatur und Philosophie und besuchte ausschließlich Programmkinos, in denen Original-Versionen liefen. Ihm zuliebe überwand ich meine Eitelkeit und setzte zumindest im Kino meine Brille auf, um die Untertitel lesen zu können.

In den nächsten Wochen trafen wir uns immer öfter. Mein neuer Freund schrieb mir schöngeistige Gedichte und Mails und lud mich zu Lesungen und Ausstellungen ein. Er schenkte mir exotische Pflanzen, deren Pflege mich überforderte, Bücher, die ich meist nicht lesen wollte und klassische Musik, die ich nicht verstand. Aber das war nicht schlimm, ich genoss die Gespräche, die Aufmerksamkeit und die neuen Impulse.

Wir unternahmen ungeheuer viel. Meine anderen Freunde hatten abends immer lieber zu Hause bleiben und fernsehen wollen, Nikolas führte mich aus. Doch schien er andererseits das Alleinsein mit mir zu scheuen. Nie lud er mich zu sich ein, und auch vor meiner Wohnung verabschiedete er sich stets mit einem zärtlichen, doch wenig schmachtenden Kuss. Wenn meine Berührungen fordernder wurden, ich meinen Körper gegen seinen drückte, verspannte er sich und suchte das Weite.

Nikolas achtete Frauen, und er ließ sich mit dem Näherkommen viel Zeit. Das fand ich ja in Ordnung und es passte irgendwie zu ihm ... doch nach über vier Wochen wurde ich ungeduldig. Ich hatte unsere Unternehmungen als geistvolle Vorbereitung auf Sex und Ekstase gesehen und sehr genossen, aber langsam sollte doch etwas geschehen.

»Für ihn ist schon alles Zweck und Ziel, Sex wäre ihm eine Beschmutzung eures so reinen, wahren Verhältnisses«, spottete meine Freundin schadenfroh.

»Du guckst zu viele schlechte Filme«, erwiderte ich, doch mein Lachen war nicht echt.

Ich lud Nikolas zu mir nach Hause ein. Dreimal verschob er den Termin, beim vierten Mal zwang ich ihn förmlich zu erscheinen. Ich hatte mich schön gemacht, Kerzen angezündet, und eine seiner klassischen CDs aufgelegt, doch als ich mich nach dem Essen auf seinen Schoß setzen wollte, murmelte er tatsächlich, er hätte Migräne. Dann stand er auf und griff nach seinem Sakko.

»Du willst ja wohl nicht gehen? Ich hab Tabletten gegen Migräne, die nehme ich auch immer, wenn ich meine Tage habe«, bot ich ihm mit beißendem Unterton an.

»Nein, vielen Dank, ich möchte lieber nach Hause.« Mit unglücklichem Gesichtsausdruck stand er im Zimmer und sah aus wie ein unsicherer kleiner Junge. Plötzlich tat er mir leid.

»Dann geh ruhig«, sagte ich und Nikolas lief davon.

Allein gelassen trank ich die Proseccoflasche aus, die unser Aperitif gewesen war und öffnete anschließend noch einen Rotwein. Im Kopf ging ich den Fundus meiner Exfreunde durch, doch bevor ich einen von ihnen anrufen konnte, fiel ich betrunken ins Bett.

Am nächsten Tag lagen ein Buch mit Liebeslyrik und eine weiße Orchidee vor meiner Tür. Ich betrachtete die fleischigen vulvaförmigen Blätter und bedauerte zutiefst, dass er nicht geklingelt hatte. Ohne nachzudenken, wählte ich seine Nummer und fragte, ob er Angst vor mir habe oder vielleicht schwul sei. Das war ein Fehler, nicht so, nicht am Telefon. Er war verstört und obwohl ich mich sofort entschuldigte, konnte ich meine Worte nicht mehr rückgängig machen.

Viel mehr ist nicht passiert. Er hat sich immer seltener gemeldet und ich mich daraufhin auch nicht mehr. Ich weiß, es ist ein furchtbares Klischee, der Intellektuelle, der nur redet, aber so war es leider. Franzosen essen ja auch Baguette.

Jetzt bin ich wieder auf der Suche. Natürlich, keine Frage, schlechter Sex wäre mir lieber gewesen als gar kein Sex. Schlechter Sex mit Nikolas wäre mir vielleicht sogar ein Fest gewesen. Wenn man verliebt ist, gibt es doch gar keinen schlechten Sex, oder?

DIE TÜTE AUF DEM BALKON

Carlotta (27), Designerin, Berlin
über
Luca (26), Fotografie-Student an der HdK, Berlin

Der Sommer begann wunderschön. Ich lebte seit anderthalb Jahren in Berlin und genoss jeden Tag. Ich kann mich erinnern, dass ich mindestens einmal täglich dachte, wie gut, dass ich hier bin und nirgendwo anders.

Zu der Zeit machte ich ein Praktikum in einer Booking-Agentur, was mir zwar kaum Geld einbrachte, dafür wurde ich oft auf Partys eingeladen, und die Leute im Büro waren sehr nett. Fine, meine Kollegin, wurde bald meine Freundin. In den Mittagspausen legten wir uns in den Weinbergspark und unternahmen auch abends oft etwas miteinander. Fine war 28, ein Jahr älter als ich, klein und sehr zierlich, mit schulterlangen braunen Haaren und Sommersprossen.

Mein Freund Luca, mit dem ich seit mehr als einem halben Jahr zusammen war, wohnte so wie ich im Prenzlauer Berg. Wenn wir konnten, sahen wir uns täglich und ich erwartete ihn stets mit der gleichen Ungeduld wie am ersten Tag. Abends gingen wir spazieren, saßen im Park oder auf meinem winzigen Balkon und beobachteten die Leute unter uns auf der Straße. Natürlich ging ich auch gern mit Luca aus, aber dann kreisten wir meist umeinander und blieben auch nie allzu lange. Mit Fine war das anders. Mit ihr war ich bereits nach kurzer Zeit von einer Horde von Männern umgeben, die uns Drinks spendierten, Telefonnummern tauschten, ihre Liebe erklärten oder einfach mit uns reden wollten. Uns machte das Spaß, und wenn es mal zu viel wurde, wechselten wir einfach den Club. Fine hatte keinen Freund und wollte daher nie nach Hause gehen.

»Komm, ist doch schon 4 Uhr. Jetzt lohnt es sich eh nicht mehr zu schlafen«, sagte sie beispielsweise dienstagmorgens, wenn wir eigentlich nur noch ein Bier nach der Arbeit hatten trinken wollen. Doch ich wollte immer irgendwann nach Hause, da ich meist zu Luca ging, wo ich versuchte, in sein Bett zu schlüpfen, ohne ihn zu wecken.

Luca fand es grundsätzlich nicht so toll, dass ich mich während der Woche in Bars und Clubs herumtrieb und tagsüber ständig müde war. Alles Fines Schuld, versuchte ich mich rauszureden, doch Luca verdrehte nur die Augen.

Er hatte die Schlüssel zu meiner kleinen Wohnung und ich hatte die Schlüssel zu seiner.

Einmal, als ich freitagmorgens mit Fine nach Hause kam, sah ich seine Schuhe in meinem Flur stehen.

»Oh, Mist, Süße! Du kannst hier nicht schlafen, Luca ist da!«

Fine sah mich entgeistert an. Und auch ich überlegte. Wir hatten gerade unser allerletztes Kleingeld für ein Taxi zusammengekratzt und den Fahrer überredet, uns den letzten Kilometer umsonst mitzunehmen. Fine wohnte am anderen Ende der Stadt.

»Nee, entschuldige. Bleib ruhig hier, wir können ja auch zu dritt im Bett schlafen.«

Ich hatte kein separates Wohnzimmer, nur ein Zimmer mit Balkon, Flur, Bad und eine schmale Küche. Fine und ich setzten uns auf den Küchenboden, um Luca nicht zu wecken, Stühle hatte ich keine. Wir hatten das Fenster geöffnet und lehnten mit den Rücken an der Spüle, so dass wir in den Himmel schauen konnten. Fine baute eine Tüte.

»Ich kann auch hier schlafen«, sagte sie, »warm ist es ja. Ich brauche nur ein Kissen.«

»Du Spinner«, lachte ich, »vergiss aber nicht, das Geschirr zu spülen, bevor du gehst.«

»Das ist ja wohl das Mindeste!«, sagte Fine, schmiegte sich in meinen Arm und zündete die Tüte an. »Aber bist du sicher, dass du mit Luca nicht allein sein möchtest?«

»Aber natürlich«, beruhigte ich sie.

Nachdem wir geraucht hatten, suchte ich uns Schlaf-Shirts von der Wäschespinne, dann gingen wir rüber und legten uns zu Luca ins Bett. Ich war bekifft und brach ziemlich grobmotorisch zusammen, aber ich glaube, mein Freund wurde nicht mal wach.

Als ich am Samstagmittag aufwachte, Fine schlief noch, saß Luca auf dem Balkon und las in einer Zeitschrift. Auf dem Tisch standen zwei Teller, er hatte Frühstück für uns vorbereitet. Verschlafen ging ich zu ihm und gab ihm einen Kuss. Dann schenkte ich mir Kaffee ein und setzte mich zu seinen Füßen in die Sonne. Wenig später kam auch Fine dazu, wir aßen Croissants, hörten Musik und unterhielten uns. Dabei rauchten wir Tüten. Fine hatte sich eins meiner Sommerkleidchen aus dem Schrank genommen, ich trug noch immer mein rotes Shirt. Luca begann, mit seiner Nikon Fotos von uns zu schießen.

»Du kannst bestimmt toll fotografieren, oder? Ich hätte echt gern schöne Fotos von mir«, freute sich Fine, stand auf und sprang durch mein Zimmer »Darf ich ein paar Sachen von dir anziehen, Lotta?«

»Klar, ich will auch«, erwiderte ich und folgte ihr. Auch Luca kam hinterher, wobei er ständig die Kamera auf uns gerichtet hielt. Ich lief zu meinem Schrank und wühlte potentielle Fotoutensilien hervor. Bald stand Fine in einem grünen Catsuit und einer Katzenmaske aus dem Karnevalsladen im Raum, ich trug ein lachsfarbenes Tutu, dazu Bikinioberteil und einen Hut. Fine malte mir große schwarze Schatten um die Augen, und ich verzierte ihr sommersprossiges Gesicht mit Kleinmädchenmake-up in Rosa und Hellblau. Bald lagen überall im Raum verteilt Kleidungsstücke, Hüte und Schuhe. Ich trug weiße Schnürstiefel und befreite mich gerade von einem langärmeligen blauen Kleid, als Luca mich am Arm festhielt.

»Bleib so, Carlotta, das ist toll«, rief er und knipste, wie ich das Kleid langsam heruntergleiten ließ und nur in Stiefeln und Slip vor ihm stand.

»Oh Gott, bist du schön!«, stöhnte mein Freund, der nun mit der Kamera vor mir kniete. Stolz drückte ich meine Schultern nach hinten, drehte mich und genoss seine Bewunderung. Fine war, nur mit Bikini und einem Haarreif bekleidet, neben mich getreten. Luca fotografierte, wie sie langsam die Arme nach mir ausstreckte, dann mit den Fingerspitzen über meinen Hals strich, die Schlüsselbeine entlang. Sanft ließ sie ihre Finger um meine Brustwarzen gleiten. Mein Körper überzog sich mit Gänsehaut.

Was taten wir da? Ihre Berührung war angenehm, gleichzeitig war ich mir Lucas faszinierten Blickes bewusst. Schnell entschied ich mich, er sollte eine Fotosession kriegen, die er nicht wieder vergessen würde. Dieser Gedanke schockierte und begeisterte mich zugleich. Da kam Fine näher an mich ran, stellte sich auf die Zehenspitzen und berührte ganz leicht mit der Zunge meine Schläfe. Luca knipste. Ich drückte mich an sie, so dass sich unsere Körper berührten, und wir küssten uns. Ihre rosa Zunge glitt über meine Lippen und in meinen Mund hinein. Meine Hände strichen durch Fines Haare, die Wirbelsäule entlang an ihrem Rücken runter, lösten den Verschluss ihres Bikinioberteils, und strichen weiter zu ihrem Po. Sie löste ihren Mund von meinem, leckte meinen Hals hinunter und saugte ihre Lippen dann an meiner Brustwarze fest. Luca hatte die Kamera sinken lassen. Er stand ganz still und beobachtete uns gebannt.

Es gefiel mir, Fine zu küssen, sie war schön und fühlte sich gut an, doch noch viel mehr gefiel mir, wie Luca mich ansah. Da schien er aus seiner Erstarrung zu erwachen und trat ebenfalls auf mich zu. Er kniete sich vor mich, strich sanft über meinen Bauch und fuhr dann langsam mit den Fingern über meinen Slip und zwischen meine Beine. Mit der anderen Hand zog er mich an sich und wir küssten uns. Ich schloss die Augen und merkte, dass mir leicht schwindlig war. Mein Herz klopfte schnell. Ich war erregt und gleichzeitig angespannt, mein Körper bebte. Es war ein seltsames Gefühl und auf einmal wurde es mir zu viel. Vielleicht war es jetzt genug. Um einen klaren Kopf zu kriegen, wollte ich noch mal an der Tüte ziehen, die draußen auf dem Balkon im Aschenbecher lag. Ich löste mich aus der Umarmung.

»Ich geh noch mal auf den Balkon. Kommt ihr auch gleich?«, fragte ich und ging schnell nach draußen. Dort setzte ich mich in die Nachmittagssonne, zündete den Joint an und nahm einen tiefen Zug. Es tat gut, langsam wurde ich wieder ruhiger. Die anderen beiden würden bestimmt gleich rauskommen.

Als ich einige Minuten später noch immer allein auf dem Balkon saß, rief ich nach meinem Freund. Keine Antwort. Ein komisches Gefühl stieg in mir hoch.

»Luca?«, rief ich noch einmal, dann ging ich zurück ins Zimmer. Erstarrt blieb ich stehen. Mein Freund saß nackt auf dem Sofa, Fine hockte breitbeinig über ihm. Seine Hände wühlten in ihrem Haar und ich sah, wie sie langsam auf seinem Schwanz hoch- und runterglitt. Bitte, bitte, lass das nicht wahr sein! Ich konnte mich nicht rühren. Meine Beine waren wie aus Gummi, und ein heiseres Krächzen entfuhr meinem Mund.

Da bemerkten mich die beiden.

»Lotte, komm doch zu uns!«, rief Fine, ganz ungezwungen, so als würde sie mich zu einem Videoabend einladen, und streckte ihre Hand nach mir aus. Schlagartig kam ich wieder zu mir.

»Raus hier, ihr Schweine!«, schrie ich. »Verschwindet! Ich will euch nie wieder sehen!«

Ich spürte, wie mir Tränen übers Gesicht rannen. Wut und Verzweiflung schnürten mir die Kehle zu.

»Carlotta, was soll das? Ich dachte, das wäre okay? Du hast doch mitgemacht …«

Weiter kam Luca nicht, da ich einen Stiefel vom Boden gegriffen und nach ihm geworfen hatte. Er krachte knapp neben seinem Kopf an die Wand.

»Spinnst du?«, rief er entsetzt.

»Raus, hab ich gesagt! Raus! Haut ab!« Meine Stimme überschlug sich. Ich griff nach einer Haarbürste und schleuderte sie nach den beiden. Dann schnappte ich mir einen roten, gefährlich aussehenden Pump und hielt ihn drohend in die Höhe. Fine hatte hastig ihr Kleid übergestreift und stand in der Haustür. Auch Luca ergriff die Flucht, nackt, die Kamera und seine Hose in der Hand. Ich knallte die Tür hinter ihnen zu, dann lief ich in blinder Wut durchs Zimmer, suchte Lucas Sachen zusammen, Schuhe, Kameratasche, Shirt, und warf alles vom Balkon auf die Straße. Auch Bücher, abgerissene Kinokarten und Fotos schmiss ich übers Geländer, nichts sollte mehr an Luca erinnern.

Drei Tage blieb ich allein in der Wohnung, heulte und verfluchte die Welt. Mein Freund und meine beste Freundin, wie hatte mir das passieren können? War es vielleicht doch auch meine Schuld, weil ich Luca hatte beeindrucken wollen? Nein, entschied ich, die beiden hatten eine Grenze überschritten.

Als ich wieder in die Agentur ging, um die letzte Woche meines Praktikums hinter mich zu bringen, lief Fine auf mich zu. Noch bevor sie etwas sagen konnte, zischte ich:

»Sprich mich nie wieder an!« Dann ließ ich sie stehen. Auch Lucas Anrufe drückte ich weg, seine Mails löschte ich ungelesen. Ich habe mit keinem der beiden jemals wieder gesprochen.

Das war definitiv der allerschlechteste Sex, an dem ich jemals, wenn auch nur indirekt, beteiligt war.

ZUM GLÜCK SCHNELL VORBEI

Carolin (20), Publizistikstudentin, Bonn
über
Chris (22), Kellner, Bonn

Ich hatte Chris übers Internet kennengelernt. Wir hatten gechattet und telefoniert, bevor wir uns das erste Mal trafen. Es war von Anfang an klar, dass wir uns vor allen Dingen zum Sex treffen wollten.

Ich kam am ersten Abend spontan zu ihm. Ich hatte das Wochenende bei Freunden verbracht und war gerade auf dem Weg nach Hause, als er mich anrief. Seine Wohnung lag auf meinem Heimweg, also klingelte ich bei ihm.

Chris war sympathisch und sah besser aus als auf seinen Fotos im Internet, irgendwie feminin. Er sprach mich auf jeden Fall an. Wir hörten Musik, unterhielten uns und verstanden uns recht gut. Das sollte im Bett später nicht der Fall sein.

Keiner traute sich wirklich, den Anfang zu machen, weil wir uns ja auch auf nicht-sexueller Ebene unterhalten konnten. Also stand ich irgendwann auf und fragte, ob ich bei ihm duschen dürfe. Nur mit einem Handtuch bekleidet kam ich ins Zimmer zurück. Ich setzte mich zu ihm aufs Bett, wir küssten uns und fassten uns an. Das Küssen war in Ordnung, aber in seinen Berührungen war er durchweg nicht besonders feinfühlig. Richtig erregen konnte er mich auf diese Art nicht.

Chris hingegen konnte sich kaum im Zaum halten und wollte so schnell wie möglich ficken. Sehr bald war auch er nackt und drängte sich zwischen meine Beine. Es wurde ein Rein und Raus ohne Rücksicht auf Verluste. Also weniger schön für mich. Es war – im Nachhinein muss ich sagen »zum Glück« – ziemlich schnell vorbei. Zu mehr konnte ich ihn an diesem Abend auch nicht bewegen. Ein komischer Mann ... Aber da mein Besuch sowieso nur ein Zwischenstopp auf meinem Heimweg war und bei ihm eh nix mehr drin war, bin ich gegangen.

Drei Wochen später trafen wir uns wieder. Er hatte ein paar nette Mails geschrieben und ich dachte mir, dass er vielleicht nur einen schlechten Tag gehabt hatte. Ich wollte ihm noch eine Chance geben. Wir verstanden uns auch an diesem Abend wieder prächtig, aßen Pizza und unterhielten uns viel.

An das Vorspiel oder ob es überhaupt eins gab, kann ich mich nicht erinnern. Wenn es eins gegeben hat, kann es nicht gut gewesen sein, sonst hätte ich es sicher nicht vergessen. Als wir mit dem eigentlichen Sex anfingen, lag ich auf dem Rücken und er war über mir. Demnach gab er den Ton an. Um ihn wenigstens auch etwas im Griff zu haben, krallte ich mich mit meinen Nägeln in seinen Arsch. Da zog er plötzlich seinen Schwanz raus und kam! Einfach so! Ich dachte, er will mich verarschen. Immerhin war er jetzt nicht so rattig, dass ein schnelles Kommen vorhersehbar gewesen wäre.

Aber man kann ja später weitermachen, beruhigte ich mich selbst. Nach ein paar Minuten konnte er auch schon wieder. Ungeduldig versuchte er auf mich zu klettern. Da ich nicht auf den Gedanken kam, dass das Arschkrallen der Auslöser für sein Kommen sein konnte (zumindest nicht generell), fasste ich ihm wieder an den Hintern und griff zu. Da passierte das Gleiche doch tatsächlich noch mal!

»Du hast doch gemerkt, was passiert, wenn du das machst«, war seine Verteidigung. Es klang vorwurfsvoll. Ich war fassungslos! Es hatte nicht mal vier Minuten gedauert. Und da er ja kurz zuvor schon einmal gekommen war, war ich davon ausgegangen, dass das nicht noch mal passieren könnte. Tja, da hatte ich mich wohl geirrt. Chris hatte dazu auch nichts weiter zu sagen.

Wir sahen noch eine Weile fern, Kochsendungen, und ich hatte immer noch den Glauben, dass man ja später vielleicht noch einmal … Chris zeigte aber plötzlich Desinteresse, sprach nicht mehr und schlief irgendwann sogar ein!

Am nächsten Vormittag war ich mit einer Freundin zum Brunch verabredet, daher stand ich auf und ging nach Hause. Chris stellte sich tot, er tat so, als schliefe er tief und fest. Ich habe mich seitdem nicht mehr bei ihm gemeldet. Er sich bei mir schon. Keine Ahnung, was er sich da erhofft. Noch mal habe ich auf so eine Vorstellung keine Lust. Er etwa?

HABEN SIE SALZ?

Nina (40), Krankenschwester, Hamburg
über
Marek (43), Künstler, Hamburg

Es war im Sommer. Im Frühjahr hatte ich mein zweites Kind zur Welt gebracht. Ich war im Mutterschaftsurlaub, ging also nicht ins Krankenhaus arbeiten, sondern blieb zu Hause, um mich um meine Kinder kümmern zu können. Die Tage vergingen mit häuslichen Pflichten.

Philip, mein Mann, arbeitete seit einem Jahr als Junior in einer großen Anwaltskanzlei und musste sich dort jeden Tag aufs Neue beweisen. Er verließ frühmorgens unser Haus und kam spätabends erschöpft zurück. Wir waren gerade in ein hübsches neues Haus in Hamburg-Eppendorf gezogen, das mir sehr gefiel. Gleichzeitig vermisste ich meine Freundinnen, die früher in meiner unmittelbarer Nachbarschaft gelebt hatten und die ich nun in einem anderen Stadtteil zurückgelassen hatte.

Als Krankenschwester bin ich es gewohnt, immer beschäftigt zu sein und stets Menschen um mich zu haben, nun verbrachte ich die Tage oft im Haus. Wenn Philip morgens zur Arbeit ging, brachte ich den kleinen Florian in den Kindergarten und blieb mit dem Baby allein.

Eines Tages, ich hatte Florian gerade vom Kindergarten abgeholt und briet ihm zum Mittagessen Nudeln mit Zucker, klingelte es an der Tür.

Vor mir im Sonnenlicht stand ein muskulöser Mann in einem Unterhemd.

»Hallo, schöne Frau! Ich bin Marek. Ich wohn hier für eine Weile, gleich gegenüber von Ihnen. Verzeihen Sie meinen Aufzug, aber ich bin gerade beim Basteln. Sagen Sie, haben Sie wohl bitte ein wenig Werkzeug, das Sie mir borgen könnten? Eine Wasserwaage brauch ich und ein paar Dübel.«

Von der ersten Sekunde an, noch bevor ich Marek überhaupt richtig wahrgenommen hatte, reagierte mein Körper komisch auf ihn. Meine Knie wurden weich und meine Stimme klang, als käme sie von weither.

»Klaro«, sagte ich und starrte auf den Besucher. Und dann noch mal: »Klaro.«

Klaro?! Was war denn mit mir los? So sprach mein kleiner Sohn. Ich lief zu allem Überfluss rot an. Also lief ich schnell mit ihm in den Keller, wo Philip sein Werkzeug aufbewahrte.

»Suchen Sie sich ruhig aus, was Sie brauchen.«

Ich betrachtete den Mann, während er in den Kästen wühlte. Sein Haar war lang und lockig, er war groß und bewegte sich geschmeidig wie ein Tänzer. Zum weißen Unterhemd trug er Jeans und Flip-Flops, nicht gerade ein sexy Outfit in meinen Augen. Philip würde niemals so das Haus verlassen. Aber Marek wirkte nicht nachlässig gekleidet. Im Gegenteil, er sah aus wie einem der Werbespots entsprungen, die ich aus Prinzip nicht gucke.

Marek erzählte mir, er sei Künstler. Deshalb sei er auch in Hamburg, um eine Auftragsarbeit anzufertigen. Er habe mal wieder die Hälfte vergessen, und das von mir entliehene Werkzeug würde ihm sicher sehr nützlich sein. Wir verabredeten, dass er die Sachen am Abend zurückbringen sollte.

Als ich in die Küche zurückkehrte, waren die Nudeln angebrannt, schwarzer Rauch hing im Zimmer. Florian kicherte. Er hatte derweil die Fische gefüttert. Das Aquarium mit Philips Guppies war fast zur Hälfte mit Getreideflocken und Müsli aufgefüllt. Ich würde wohl heimlich neue Fische kaufen müssen ...

Er klingelte am frühen Abend erneut, als ich gerade mit Florian »Fang den Hut« spielte. Marek trug einen Sommeranzug aus hellem Leinen.

»Ich bin leider nicht fertig geworden und habe jetzt einen Termin. Stört es Sie, wenn ich das Werkzeug bis morgen behalte?«

»Nein nein!«, erwiderte ich. »Gar nicht.«

»Ich komme dann morgen gegen Mittag und bringe es Ihnen zurück. Darf ich vielleicht etwas Kuchen mitbringen? Wir könnten Kaffee trinken, wenn Sie Zeit haben.«

Ich nickte zustimmend. »Ich freu mich«, sagte er noch, bevor er sich verabschiedete und mit tänzelnden Schritten die Einfahrt entlang zu seinem Wagen lief. Ich stand mit klopfendem Herzen an der Tür und sah ihm hinterher.

»Mama?«, quäkte Florian und riss mich in die Realität zurück. Moment, was war eigentlich los mit mir? Ich, Nina, vierzig, Mutter zweier Kinder, stand am Fenster und starrte einem langhaarigen Schönling hinterher. Beschämend!

Am nächsten Vormittag stand Marek mit Werkzeugkasten und einem Rosenstrauß vor meiner Tür. Er hätte heute leider doch keine Zeit und würde unsere Verabredung gern auf den nächsten Tag verschieben. Vielleicht hätte ich dann Lust, mir seine neue Skulptur anzusehen. Wir verabredeten uns für den Nachmittag.

Obwohl ich es mir verbot, war ich den ganzen Abend flatterig. Philip kam nach Hause, er aß mit mir, dann öffnete er eine Flasche Wein, zündete Kerzen an, legte Musik auf, setzte sich aufs Sofa, rief mich zu sich und schlief ein. Ich deckte ihn mit einer leichten Decke zu, las Florian noch eine Gutenachtgeschichte vor, dann ließ ich mir ein Bad ein. Als ich in dem schaumigen Wasser lag und mir seit langem mal wieder die Beine rasierte, musste ich gegen meinen Willen immerzu an den nächsten Tag denken.

Ich erlaubte Florian, nach dem Kindergarten mit zu seinem Freund Oli zu gehen. Angesichts des kindlichen Jubels fühlte ich mich schäbig. Um 16 Uhr holte Marek mich ab. Er brachte mich in einen Garagenraum, den ihm ein Freund als Werkstatt zur Verfügung gestellt hatte. Darin befand sich ein abstraktes Monstrum, das wie ein zufällig zusammengelöteter Schrotthaufen aussah. Erwartungsvoll blickte Marek zwischen mir und dem Objekt hin und her.

»Wunderschön«, hauchte ich beklommen. Ich bin mir im Klaren darüber, dass ich eine sehr schlechte Lügnerin bin. Aber Marek schien das nicht zu merken.

»Nicht wahr?«, freute er sich. Er erzählte, dass seine Skulptur bald den Vorgarten eines Förderers seiner Kunst schmücken würde. Ich stellte mir das Ding neben dem Sandkasten vor meinem Haus vor und schauderte. Vielleicht war ich aber nur ignorant und verstand den tieferen Sinn des Exponates nicht?

Wir setzten uns auf den Balkon des Apartments, das über der Garage lag und das Marek hier in Hamburg bewohnte. Kaffee, Kuchen, Komplimente. Marek erzählte, dass er mich schon oft von diesem Balkon aus beobachtet habe, ich sei eine außergewöhnlich attraktive Erscheinung und nur deshalb habe er das Werkzeug bei mir geliehen. Marek sprach im Plauderton, als rede er über die Vorzüge dieser Wohngegend. Ich erstickte mehrmals fast an dem trockenen Kuchen, der auf meiner Gabel wackelte und sich einfach nicht schlucken lassen wollte. Dann verabschiedete ich mich spontan und so hektisch, dass ich meine Handtasche beim Aufstehen vom Tisch stieß. Kleingeld, Bonbons, Taschentücher, Löffel, Krümel und einiges mehr verteilten sich über den Balkonboden. Brillant. Wir sammelten die Sachen auf, wobei Marek mich immer wieder wie unabsichtlich berührte, dann lief ich schnell nach Hause.

Ich bemühte mich, nicht mehr an den Schönling zu denken. Werkzeug leihen, pah! Er hatte sich sicher gelangweilt und sich einen Spaß daraus gemacht, Hausfrauen wie mir den Kopf zu verdrehen. Und ich dummes Huhn lief mit roten Wangen neben ihm her. Ich war erbärmlich.

Drei Tage später klingelte Marek erneut und fragte nach Salz. Er trug wieder Jeans und Unterhemd, die halblangen Haare fielen ihm in die Augen. Er grinste, als wolle er sich für das wenig originelle Anliegen entschuldigen. Klaro, hätte ich fast wieder gesagt, doch dann nickte ich nur, drehte mich um und ging in die Küche. Marek folgte mir. Ich öffnete eine der oberen Küchenschranktüren, dort bewahrte ich ungeöffnete Vorratspackungen auf, stellte mich auf die Zehenspitzen und suchte nach dem Salzkarton. Da trat Marek von hinten an mich ran und schlang beide Arme um mich. Wie im Pornodrehbuch, schoss es mir durch den Kopf: Er klingelt, fragt nach Salz, sie gehen rein, sie kommen zur Sache.

Langsam presste Marek seinen Körper gegen meinen und drückte mich vorsichtig, aber bestimmt gegen den Schrank. Ich keuchte. Seine Hände glitten unter meine Bluse und legten sich um meine Brüste. Er massierte meine Brustwarzen, während sein harter Schwanz stoßweise gegen meinen Po drückte. Sein Gesicht war an meinem Hals, mit der Zunge strich er über meinen Nacken, während eine Hand meine Brust umfasste und die andere jetzt zwischen meine Beine glitt und mich sanft massierte.

Zum Glück war ich zwischen Küchenschrank und seinem Körper eingeklemmt, denn ich fürchtete, gleich das Bewusstsein zu verlieren. Heiße Wellen durchzuckten meinen Körper. Ohne dass ich irgendetwas dagegen hätte tun können, kam ich. Im Stehen, an meinen Küchenschrank gedrückt. Während ich anschließend nach Atem rang, drehte Marek mich um und bugsierte mich zum Küchentisch.

»Na, siehst du, ich weiß, was du brauchst ...« Er grinste selbstgefällig. Dann schob er mich rittlings auf den Tisch, streifte meinen Slip herunter und machte sich daran, den Verschluss seiner Jeans zu öffnen. Wie aus großer Distanz sah ich mich breitbeinig auf dem Tisch sitzen, an dem Philip, Florian und ich heute morgen Müsli gegessen hatten, während ein grinsender Schönling vor mir langsam seine Hose öffnete, um mich zu ficken. Da machte plötzlich irgendetwas »klick« in meinem Kopf. Nein, halt, das wollte ich nicht.

»Stopp!«, rief ich und richtete mich auf. Ich sprang vom Tisch und zog meinen Rock nach oben. »Das war schon viel zu viel, mehr will ich nicht.«

Ungläubig sah Marek mich an, während ich auf den Schrank zuging, eine Salzpackung herausnahm und ihm diese in die Hand drückte. Ich schob ihn zur Tür.

»Du bist wirklich nett, aber klingel hier nie wieder! Sprich mich nie wieder an! Du bist nichts anderes als ein Fehler, den ich bereuen würde. Also mach's gut!«

Damit schloss ich die Tür hinter ihm und ging wieder in die Küche, um das Abendessen vorzubereiten. Ich fühlte mich gelöst und frei, aber irgendwie auch so, als wäre ich knapp an einem Unglück vorbeigeschliddert.

Wäre ich mit Marek weiter gegangen, hätte ich mir das selbst niemals verzeihen können. Wenn andere so was ohne Probleme machen können, ist das ja okay, aber ich weiß jetzt, dass ich es nicht kann. Ich habe bisher auch niemandem davon erzählt, sondern es stillschweigend auf dem Konto meiner Erfahrungen verbucht. Doch immer, wenn mir einer dieser charmanten Schönlinge mit dem Kinderwagen oder Ähnlichem behilflich ist, denke ich an Marek.

SCHÖNE MÄNNER LOHNEN NICHT

Ida (38), Rechtsanwältin, Bochum
über
Kai (42), Arzt, Mönchengladbach

Ich finde, vor schönen Männern sollte man sich in Acht nehmen. Es lohnt sich nicht. Schöne Männer sind verwöhnt. Sie wissen genau, dass sie gut aussehen und nehmen ihr Aussehen viel zu ernst. Sie investieren Zeit, Geld und Geist in ihre Attraktivität und wollen diese immer wieder bestätigt bekommen. Die übersteigerte Suche nach Bestätigung ist überhaupt eine schlimme Charakterschwäche und meiner Ansicht nach bei Männern erheblich mehr ausgeprägt als bei Frauen. Schönheit verdirbt den Charakter. Das habe ich bereits zu Schulzeiten festgestellt.

Obwohl ich es demnach besser wusste, habe ich mich vor circa einem Jahr in Kai verliebt. Er sah nicht auf plakative Modelart gut aus, obwohl er natürlich gefällige Züge hatte. Seine Schönheit beruhte auf Humor und einer erstaunlichen Leichtlebigkeit, die diese Züge ausstrahlten. Das Leben war sein Freund, das sah man sofort. Doch hier trog der schöne Schein.

Ich habe Kai über meine Schwester kennengelernt, bei einem Abendessen. Wir haben uns angeregt miteinander unterhalten und beim Abschied die Telefonnummern getauscht. Er rief mich gleich am nächsten Tag an, um zu fragen, ob ich gut nach Hause gekommen sei. Dann haben wir uns ein paar Mal allein getroffen, zum Abendessen und fürs Theater. Ich glaube, diese erste Zeit, in der er um mich warb, wir aber noch nicht zusammen waren, war eine der schönsten meines Lebens. Da Kai nicht viel sprach, interpretierte ich Verstand und Empfindsamkeit in sein Schweigen, meine Tage waren von Romantik und sehnsüchtiger Erwartung erfüllt. Ich wachte täglich mit dem Gefühl auf, dass mir etwas Unbekanntes, Besonderes bevorstand. Wie naiv das klingt! Aber ich war glücklich, ich traf mich mit einem Mann, der gebildet, wohlerzogen und gut situiert war und bei dessen Anblick ich dahinschmolz.

»Das ist ein Mann, um den dich alle Frauen beneiden«, stellte meine Freundin Tine fest, nachdem sie ihn kennengelernt hatte. Ich bekam Gänsehaut. Keine Frau möchte einen Mann, um den sie alle Frauen beneiden. Überhaupt möchten nur Proleten um ihre Partner beneidet werden. Ich glaube, das wusste auch Tine genau. Ich begann, den Kontakt zu ihr zu vernachlässigen.

Unsere erste gemeinsame Nacht war für mich eine Offenbarung. Jede seiner Berührungen brachte mich fast um den Verstand. Obwohl ich im Nachhinein sagen muss, dass das nicht an ihm lag, sondern an meiner Verliebtheit. Wenn dich jemand umarmt, in den du so richtig verliebt bist, wünschst du dir, dass es nie wieder vorbeigeht.

Doch Kai brachte mich schnell und unsanft in die Realität zurück. Seine Worte trafen mich völlig unvorbereitet, als ich mich am nächsten Morgen nackt, lächelnd und mit einem Frühstückstablett in der Hand dem Bett näherte.

»Sag mal, du bist gar nicht richtig rasiert. Das ist nicht so schlimm, aber findest du es nicht auch schöner, wenn alles glatt ist?«, fragte er beiläufig. Und dann: »Frischer Orangensaft, danke, mein Schatz«, so als wäre nichts geschehen, als hätte er mir nicht gerade einen Schlag in den Magen verpasst. Und wegen so einer Banalität! Ich hätte am liebsten losgeheult. Hätte Kai von heute auf morgen einen Ausbruch von Altersakne, kreisrundem Haarausfall und Fettsucht erlitten, hätte das meine Liebe zu ihm nicht geschmälert. Wie konnte er so etwas zu mir sagen?

Von nun an achtete ich darauf, meine Schambehaarung vollständig zu eliminieren. Wenn ihm das so wichtig war ... Doch es blieb nicht dabei. Kai brachte mir Strapse mit. Das war ja in Ordnung, ich besaß selbst welche, nur wäre ich im Hochsommer nicht auf die Idee gekommen, sie zu tragen. Kurz danach überreichte Kai mir ein komplettes Wäscheset, das er im Erotik-Versand bestellt hatte. Rote Polyesterspitzen zierten einen kratzigen Stringtanga und einen deformiert wirkenden Push-up-BH niederster Qualität. Es war das Geschmackloseste, was ich seit langem gesehen hatte. Kai bestand darauf, dass ich die Sachen sofort anzog.

»Sehr sexy«, sagte er anerkennend. »Du siehst aus wie ein Filmstar!«

Dann küsste er mich, so dass ich nicht mehr fragen konnte, was denn das für ein Film sein sollte, in dem die weibliche Darstellerin mit roter Unterschichtswäsche aus dem Sexversand durch die Gegend lief. Ich sollte es noch früh genug erfahren. Als wir das nächste Mal in seinem Bett lagen, griff Kai nach der Fernbedienung und schaltete das Fernsehgerät an. Lautes Stöhnen erfüllte den Raum. Es lief ein Porno, in dem eine blonde dickbusige Frau in roter Reizwäsche von zwei tätowierten Muskelmännern bestiegen wurde. Ich habe schon ein paar Pornofilme gesehen in meinem Leben. Nicht viele, doch ich darf sagen, dieser zählte nicht zu den Perlen des Genres. Kai geriet dennoch in Rage. Also schloss ich die Augen und mied tunlichst jeden weiteren Blick auf den Bildschirm.

Es ist nicht so, dass ich prüde bin. Ich denke, ich bin recht aufgeschlossen, und ich hätte mich mit Begeisterung auf jedes erotische Spiel mit Kai eingelassen, wäre es etwas subtiler gewesen. Doch für ihn war es die Krönung, mir beim Sex auf den Hintern zu schlagen und mich »Schlampe« zu nennen. Viele Entwicklungsmöglichkeiten sah ich da nicht. Die billige Pornoklischee-Kleidung, der hirnlose Film, das phantasielose Spielzeug und der offensichtliche Reiz, den das alles auf Kai auszuüben schien, stießen mich ab. Er deutete an, dass er es begrüße, wenn ich ihn ab und an mit einem »kleinen Strip zu heißer Musik« im Wohnzimmer überraschen würde. Doch das schien mir allzu geschmacklos und irgendwie auch spießig. Wie konnte dieser schöne und intelligente Mann, mein Mann, so simpel strukturiert sein? Ich wollte es nicht wahrhaben. Ich drückte mich an ihn, küsste ihn und biss ihm in die Lippen. Ich wehrte mich gegen ihn und flüsterte beschwörerisch in sein Ohr, um ihn aufzuwecken, seine Phantasie anzuregen. Doch Kai ging nicht auf mich ein. Stattdessen brachte er weitere Artikel aus dem Sexshop mit, bei deren bloßem Anblick sich meine Nackenhaare sträubten. Er war völlig fixiert auf diese Utensilien. Bevor wir miteinander schliefen, präsentierte er mir jedes Mal ein neues dummes Spielzeug, als wäre das eine angemessene Einstimmung. Handschellen aus Plastik, essbare Unterwäsche und einen riesigen fleischfarbenen Dildo, den ich heimlich im Restmüll entsorgte, bevor er mir damit zu nahe kommen konnte.

»Kannst du nicht lauter stöhnen«, fragte er mich. »Aber bitte nicht so künstlich.«

Nein, konnte ich nicht. Was ich ebenfalls nicht konnte, war die Achtung vor ihm bewahren. Der schöne und gebildete Mann, der mich so in seinen Bann gezogen hatte, mutierte vor meinen Augen zu einem phantasie- und anspruchslosen Primaten, den ich an meiner Seite nicht dulden wollte. Ich meldete mich ein paar Tage lang nicht bei ihm und auch er versuchte keine Kontaktaufnahme. Bald erschien es mir jedoch unwürdig, einfach nicht mehr anzurufen, deshalb traf ich mich mit Kai in einem Café, wo ich einen kurzen typischen Trennungsmonolog hielt. Wir würden nicht zueinander passen, es läge nicht an ihm, wir sollten unbedingt Freunde bleiben.

Kai schien nicht sonderlich tief getroffen. Das sei ihm auch schon aufgefallen, stimmte er mir zu. Im Bett wäre es mit mir ja auch ein bisschen langweilig gewesen.

Ungläubig starrte ich ihn an. Ich hatte mir doch so viel Mühe gegeben! Empört schnappte ich nach Luft. Kai nutzte meine Sprachlosigkeit, um aufzustehen, etwas herablassend meine Schulter zu tätscheln und sich zu verabschieden. Im Nachhinein sind mir tausend Sachen eingefallen, die ich hätte erwidern können. Es ärgert mich noch heute, aber wie das manchmal so ist, habe ich diesen Moment ungenutzt verstreichen lassen.

ICH WÜRGTE, ER KAM

Marina (27), Buchhändlerin, Stuttgart
über
Lars (35), damals DJ, Frankfurt

Als ich siebzehn war, bin ich manchmal ins *Omen* gegangen. Den Club gibt es heute nicht mehr, damals war er ziemlich angesagt. Ich war in einen DJ verknallt, Lars, und immer wenn er aufgelegt hat, bin ich die ganze Nacht dageblieben und hab ihn angeguckt. Eines Abends kam er auf mich zu und hat mich zu einem Getränk eingeladen. Er hat mich eigentlich gar nicht gefragt, sondern mir im Vorbeigehen zugerufen: »Komm mit, wir beide trinken jetzt was.« Ich fand das unheimlich cool. Im Nachhinein ist mir klar, dass der Typ einfach ein abgebrühtes Arschloch war. Er sah ganz gut aus und war zu diesem Zeitpunkt recht erfolgreich mit seiner Musik. Anscheinend war er so daran gewöhnt, von Mädchen wie mir umschwärmt zu werden, dass er sich nicht einmal mehr bemühte, nett zu sein.

Er sagte wenig, als wir zusammen an der Bar saßen und wenn, klang es immer ein wenig herablassend. Die Musik war zu laut für Unterhaltungen, also schwiegen wir die meiste Zeit, tranken nur, doch ich war glücklich. Lars blickte sich des Öfteren im Laden um, vielleicht um zu prüfen, ob er nicht noch was Besseres finden könnte. Doch ich war naiv genug zu hoffen, dass er sich vielleicht doch für mich begeistern könnte, wenn wir uns nur erst mal kennengelernt hätten. Dies war meine Chance, die wollte ich nutzen.

Lars hatte wohl nicht viel geschlafen in den letzten Tagen. Er gähnte ziemlich häufig und bald wollte er nach Hause. Das fand ich gut, denn draußen würden wir uns endlich unterhalten können. Ganz selbstverständlich stand auch ich auf und ließ mich von ihm zur Garderobe begleiten. Auf der Straße steuerte Lars auf ein Auto zu, stieg ein und öffnete die Beifahrertür für mich. Ich staunte. Er hatte literweise Longdrinks getrunken, aber sagen wollte ich nichts.

»Is schon ein Stück bis zu mir«, informierte er mich, dann schaltete er das Autoradio ein. Die Musik war noch lauter als im *Omen*. Während der Fahrt legte er ab und an seine Hand auf meinen Kopf und und tätschelte mich, als wäre ich ein Hündchen. Dann hielt er in einer dunklen Straße an und machte die Musik leiser.

»Lass uns hier ne Pause machen.« Er lehnte sich zurück, öffnete seine Hose und holte seinen Schwanz raus. »Komm, blas mir einen.«

Wie erstarrt saß ich neben ihm. Wir hatten uns doch noch nicht einmal geküsst. Da grinste Lars plötzlich und streichelte sanft über meine Wange. »Du bist süß«, sagte er und gab mir einen Kuss auf die Lippen. Das war zwar nicht ganz so, wie ich es mir gewünscht hätte, doch fühlte ich mich schon etwas besser. Ich wollte ihm unbedingt gefallen, deshalb senkte ich meinen Kopf auf seinen Schoß.

Blasen war noch nie mein Stärke, warum auch. Aber damals war ich so unerfahren, dass ich vor allen Dingen fürchtete, mich zu blamieren. Vorsichtig nahm ich die Spitze in den Mund und saugte an ihm, so wie ich es aus Filmen kannte. Dabei bewegte ich den Kopf ganz leicht hoch und runter.

»Ja, Süße, gut so«, stöhnte Lars. Es schien ihm zu gefallen. Also machte ich genauso weiter, aus Angst, etwas falsch zu machen. Lars stöhnte und wand sich unter mir. Ich war vielleicht gar nicht so schlecht? In diesem Moment packte er meinen Kopf mit beiden Händen.

»Mund auf«, zischte er und rammte seinen Schwanz tief in meinen Hals. Ich musste würgen, wollte meinen Kopf wegziehen, doch er hielt ihn fest umklammert und stieß noch zweimal brutal zu. Ich würgte, er kam. Hustend richtete ich mich auf. Lars umarmte mich, er grinste. Ich konnte nicht aufhören zu husten, während er beruhigend meinen Hals küsste. Meinen Mund küsste er nicht. Ich hätte mich auch nicht geküsst, das hochgehustete Sperma schmeckte scheußlich.

»Dann können wir ja weiterfahren«, Lars drehte den Zündschlüssel.

Heute kann ich es wirklich nicht mehr nachvollziehen, doch ich fand ihn noch immer toll. Das Eis zwischen uns war zwar nicht gerade gebrochen, im Gegenteil, Lars schüchterte mich mehr und mehr ein, doch dachte ich kein einziges Mal daran, nach Hause zu gehen. Wir würden die ganze Nacht zusammen sein, vielleicht auch den morgigen Tag. Diese Vorstellung ließ mein Herz schneller schlagen. Aber hoffentlich würde ich ihm nicht noch mal einen blasen müssen …

Lars' Wohnung war sagenhaft. Ein riesiger Raum, in dem überall Platten standen, das Bett war zwei Meter breit und er hatte gleich zwei gigantische Sofas. Ich lief durch den Raum und stellte mir vor, wie ich sonntagmorgens hier aufwachte, das Frühstück zubereitete und ihm ans Bett brachte. Lars folgte mir. »Setz dich doch«, forderte er mich auf. Eine Minute später lag ich auf dem Rücken, er war über mir. Wir küssten uns und obwohl er darin sicherlich erfahrener war als ich, kann ich sagen, dass er furchtbar küsste. Er konzentrierte sich nicht darauf, presste einfach seine Lippen auf meine und bewegte wild seine Zunge hin und her. Dabei rieb und presste er ununterbrochen seinen Unterkörper gegen mich. Es war unangenehm, ich fühlte mich eingeengt und seine Gürtelschnalle tat mir weh. Fast noch schlimmer als die konvulsiven Zuckungen war, dass Lars mich stark an einen rammelnden Hund erinnerte.

Lars zog mein Shirt hoch und küsste meine Brüste. Ich glitt mit den Händen unter seinen Pullover und strich seine Wirbelsäule entlang. Dabei versuchte ich, seinem reibenden Unterkörper auszuweichen, doch das war unmöglich. Offensichtlich spielte sich hier der Hauptteil seiner Empfindungen ab, weshalb er sich auf alles andere nur halbwegs konzentrieren konnte. Schnell streifte er seine Hose ab und zog auch mich aus.

»Du musst noch ein Kondom anziehen«, hielt ich ihn zurück.

»Ach nein, das muss doch nicht sein …«

»Doch, natürlich muss das sein.« Er wollte sich auf mich schieben, doch jetzt wehrte ich mich. Lars tat, als wäre es ein Spiel, lachend versuchte er, mich niederzuzwingen. Doch es war mir ernst und ich begann, panisch zu strampeln. »Ist ja gut«, lenkte er grinsend ein. Ich lachte nicht. Da begriff er, dass ich mich nicht umstimmen lassen würde.

»Das ist doch jetzt scheiße!«, sagte er wütend, stand dann aber auf und kramte fluchend in verschiedenen Schubladen. Auf dem Weg zurück zum Bett streifte er das Gummi über. Ich wartete stumm und wünschte mich nach Hause in mein Bett. Das war nun wirklich nicht mehr sexy. Was nun folgte, war ein einziger Krampf. Immer wieder fragte Lars, ob es nicht auch ohne Kondom gehe oder zog es einfach aus, um »nur mal kurz richtig zu fühlen«. Als es vorbei war, rollte er plump von mir runter, legte sich auf den Rücken und schlief ein. Obwohl ich todmüde war, stand ich auf und verließ so schnell wie möglich die Wohnung.

In den nächsten Tagen ging es mir schlecht. Immer wieder sah ich Lars über mir, der »nur mal kurz ohne« sagte, sah ihn mit Hunderten von Mädchen, zu denen er immer wieder dasselbe sagte. Nach fünf Tagen hielt ich es nicht mehr aus und ging zu einem Arzt, um einen Aidstest machen zu lassen. Zu dem Hausarzt meiner Eltern traute ich mich nicht, daher ging ich in irgendeine fremde Praxis und bat beim Empfang, ob man mir Blut abnehmen könne. Gefragt, ob ein konkreter Anlass bestehe, murmelte ich, dass meinem Freund und mir vor ein paar Tagen das Kondom geplatzt sei. Ich erntete irritierte Blicke. Nein, von zweimonatiger Inkubationszeit wusste ich nichts. Ich bekam einen Termin in zwei Monaten und einen Stapel Informationsmaterial, mit dem ich meine Wissenslücken ausgleichen sollte. Schon auf der zweiten Seite der ersten Broschüre blieb mir fast das Herz stehen. Ich hatte im Nachhinein befürchtet, vorher aber wirklich nicht gewusst, dass auch Oralverkehr gefährlich sein konnte.

Zwei Monate lebte ich in Angst, es war die schlimmste Zeit meines Lebens und hat mich sicherlich geprägt. Dann hielt ich das negative Testergebnis in der Hand.

Nach diesem Erlebnis war ich verändert. Gereift trifft es vielleicht. Ich hatte mir wochenlang Selbstvorwürfe gemacht, und konnte meine eigene Unvernunft überhaupt nicht mehr verstehen. So etwas würde mir nie wieder passieren.

BESSER EIN ANDERMAL

Lena (20), Schauspielschülerin, Köln
über
Timo (20), BWL-Student, Köln

Letztes Jahr, kurz vorm Abi, war ich mit Timo zusammen. Wir trafen uns seit vier Wochen, hatten aber noch nicht miteinander geschlafen. Ich durfte nicht bei ihm übernachten und wenn ich ihn besuchte, kamen seine Eltern ständig ins Zimmer, demonstrativ ohne anzuklopfen. Ein furchtbares Benehmen, und ich weiß nicht, was sie sich bei dieser Strategie genau dachten. Meine Eltern waren beinahe noch schlimmer, ständig lagen sie mir damit in den Ohren, dass ich mich auf das nahe bevorstehende Abitur konzentrieren solle. Ich hatte Timo bisher noch nicht mit zu mir genommen, da ich ihn nicht der peinlichen Befragung meines Vaters aussetzen wollte.

Als wir eines Nachmittags auf seinem Bett lagen, die aufgeschlagenen Schulbücher alibimäßig um uns drapiert, erzählte er mir, dass seine Eltern am Samstag zu einem Familienfest nach Holland fahren wollten. Dort würden sie auch übernachten. Viel sagend blickte er zu mir.

»Großartig.« Wir grinsten uns an. »Dann erzähle ich zu Hause, dass ich bei Tanja schlafe.«

Einen ganzen Abend, die ganze Nacht, den ganzen Morgen ungestört. Es war klar, dass wir Sex haben würden.

Timo war mein zweiter Freund und würde auch der zweite Junge sein, mit dem ich schlief, für ihn war es das erste Mal. Wir waren beide ziemliche Spätzünder. Als ich am Samstagabend zu ihm kam, wirkte er aufgeregt. Zappelig lief er vor mir her und redete in einem fort auf mich ein. Wir setzten uns auf sein Bett, doch Timo konnte kaum stillsitzen. Seine Nervosität wirkte ansteckend, irgendwie hatte ich mir das alles romantischer vorgestellt.

»Wie verhüten wir denn?«, fragte Timo plötzlich unvermittelt, gerade hatte er mir noch von einem Film erzählt.

»Ich nehm die Pille«, antwortete ich und er blickte mich anerkennend an.

»Cool!«

Wir begannen uns zu küssen, jetzt beide entschlossen, es bald hinter uns zu bringen.

»Apropos ... ich sollte sie lieber mal nehmen«, unterbrach ich, stand auf und wühlte in meiner Tasche. Dann drückte ich die letzte weiße Anti-Baby-Pille aus der Packung.

»Hast du mal was zu trinken?«, fragte ich Timo. Er erhob sich, ging in die Küche und kam mit einer Cola-Flasche wieder, die er mir hinhielt. Ich verzog das Gesicht. Wie widerlich.

»Nichts anderes?«

»Nö. Doch. Leitungswasser.« Da er aber keine Anstalten machte, noch einmal aufzustehen und ich auch nicht in die Küche laufen wollte, griff ich nach der Cola. Ich steckte die Pille in den Mund und setzte die Flasche an. Plötzlich verschluckte ich mich, hustete und spuckte prustend die Flüssigkeit wieder aus. Timo blickte irritiert und lachte dann lauthals los, während ich hustend und keuchend nach Atem rang.

»Du Idiot!«, fuhr ich ihn an, mühsam den Husten unterdrückend. »Ich hab gerade die Pille in die Flasche gespuckt.«

»Das ist jetzt nicht dein Ernst?!« Timo schien fassungslos. »Hol die da wieder raus!«

Ich blickte auf die Flasche. »Wie denn? Ich seh sie auch gar nicht mehr. Oh nein, ich glaub, die hat sich aufgelöst.«

Wir schwiegen einen Moment.

»Na, da musst du jetzt wohl die anderthalb Liter exen.«

»Niemals! Igitt!« Aber mir fiel auch keine andere Lösung ein. Widerwillig führte ich die Flasche an den Mund und trank einen kleinen Schluck. Sofort musste ich aufstoßen. Jetzt, nachdem ich mich verschluckt hatte, fiel es mir noch schwerer, das verhasste Getränk hinunterzukriegen.

»Na toll.« Timo verdrehte die Augen. »Das kann ja noch Stunden dauern!«

In der Tat dauerte es fast eine Stunde, bis ich die Flasche leer getrunken hatte. Timo und ich saßen uns auf dem Bett gegenüber und versuchten, ein Gespräch aufrechtzuerhalten.

»Ist dir das schon öfter passiert?«, fragte er mich. Misstrauisch suchte ich in seinem Gesicht nach Spuren von Ironie, konnte aber keine entdecken.

»Nö.«

»Du stellst dich aber ganz schön an, das sind ja Babyschlücke«, beschwerte er sich mehrmals, wenn ich zwischen Aufstoßen und Zur-Toilette-Rennen kleine Schlücke nahm. Langsam ging er mir auf die Nerven. Plötzlich wollte ich die Flasche gar nicht mehr so schnell austrinken. Andererseits war die jetzige Situation auch ziemlich unentspannt.

Als ich die leere Flasche neben dem Bett abgestellt hatte, begannen wir uns zu küssen.

»Ein Glück, dass du schon Erfahrung hast«, sagte Timo, während er meinen Pullover hochzog. »Sag mir genau, wie es geht.« Auch nicht gerade stimulierend. Hing jetzt alles von mir ab? Ein bisschen Leidenschaft hatte ich schon erwartet, doch die ließ sich nicht so leicht einfordern. Als wir einige Zeit später beide fast nackt waren, hielt Timo inne und blickte mich erwartungsvoll an. Was soll ich machen, schienen seine Augen zu fragen.

»Ich muss noch mal ins Bad«, sagte ich und stand auf.

»Schon wieder? Langsam nervt's!«, seufzte er und legte seinen Kopf auf die Arme. Im Flur griff ich mir eine Zeitschrift vom Tisch und nahm sie mit ins Badezimmer. Ich begann zu lesen.

Timo rief noch zweimal nach mir.

»Ich komme gleich«, rief ich zurück und las weiter. Als ich nach einer Stunde wieder in sein Zimmer trat, war er eingeschlafen. Ich zog mich leise an und ging nach Hause.

GUTE MANIEREN

Lia (35), Biologin, Berlin
über
Frederick (41), Biochemiker, Wien

Ich war auf meiner ersten wichtigen Konferenz als junge Biologin in Wien, und gleich am ersten Tag hatte sich das eindeutige Alphatier der Veranstaltung neben mich gesetzt: Dunkelhaarig, mit ausdrucksvollem Gesicht und stark geschwungenen Lippen – animalisch. Er stellte mir lauter kluge, unorthodoxe Fragen, und ich war beeindruckt. Am zweiten Tag gingen wir alle zusammen abends etwas trinken, und irgendwie geschah es, dass nur wir beide in der Bar sitzen blieben.

Die Lage war eindeutig, wir wussten beide, was wir wollten. Aber er hatte Manieren, als Österreicher musste er mich erst einmal schick zum Essen ausführen.

Ich war etwas unentspannt, als ich mit ihm in einem edlen kleinen Restaurant saß, wir hatten uns auch nicht viel zu erzählen, ich wollte eigentlich lieber schnell zur Sache kommen. Aber erst mal brauchten wir teuren Rotwein, er plauderte von seinen kreativen Hobbys, die er zum Ausgleich neben der Wissenschaft betrieb. Endlich fingen wir dann auf der Straße an, uns zu küssen, und das war ziemlich gut.

Er schlug vor, dass wir uns ein Hotelzimmer nehmen und organisierte alles sofort. Ich war von den Socken, ließ mir das aber gern gefallen. Das Hotel war von der modernen, minimalistischen, ultraschicken Sorte, er zahlte locker im Voraus mit Kreditkarte. So ein Mann von Welt, dachte ich mir, das kenn ich gar nicht aus Berlin. Ich freute mich jedenfalls mächtig über meinen Fang und auf die bevorstehende Nacht.

Wir legten los, viel küssen, bisschen oral, dann Sex. Er legte sich mächtig ins Zeug, ich war entspannt, wir hatten ja Zeit. Aber irgendwas fehlte. Ich merkte, wie er unruhig wurde, seine Erektion spielte nicht so recht mit. Seine Gesichtszüge verhärteten sich, plötzlich wirkte er sehr bemüht, offenbar trotz besseren Wissens fest überzeugt, dass der Schwanz ein Muskel ist. Er tat mir furchtbar leid, er hatte viel Geld in diese Nacht investiert, und jetzt das! Zurück an den Anfang, mehr küssen, mehr oral, aber danach – nix. Ich sehe immer noch sein Gesicht über mir, Zähne zusammengebissen, Augen verkniffen, wütend über die Situation. Ich blieb locker und versuchte, ihm den Druck zu nehmen, aber ohne Erfolg. Der geniale junge Wissenschaftler kam mit dieser Pleite einfach nicht zurecht und wollte es immer wieder noch mal versuchen. Mir war die Lust vergangen, und es wurde langsam ein bisschen schmerzhaft. Ich konnte einfach nicht glauben, dass er in dieser Situation so unsouverän war, nachdem er den ganzen Abend so erfolgreich den Weltmann gegeben hatte. Plötzlich zog er sich zurück, ich war erleichtert – bis er mir vorschlug, es jetzt doch mal anal zu versuchen. Und das mit einer maximal halben Erektion. Ich wusste nicht, ob ich lachen oder weinen sollte, und deutete dann an, dass das technisch so einfach nicht machbar wäre. Er war schwer angefressen.

Wir gingen am nächsten Morgen getrennt zurück zur Konferenz, die restlichen Tage flirtete er mit einer hübschen Blondine und schaute an mir vorbei, offenbar bemüht, die ganze Geschichte aus seinem aktiven Gedächtnis zu streichen. Und ich musste bei jeder seiner provokanten und etwas arroganten Wortmeldungen grinsen, weil ich seinen verbissenen Kampf mit der unwilligen und ganz realen Materie einfach nicht aus dem Kopf bekam.

ES LOHNT NICHT IMMER

Anna (32), Zahnarzthelferin, Wien
über
Jonas (34), Arzt, Wien

Ich war noch mit Matthias zusammen, obwohl ich mich längst von ihm hätte trennen müssen. Ich weiß nicht, wie lange wir schon nicht mehr miteinander geschlafen hatten. Außerdem liebte ich ihn nicht. Er mich aber schon, dem konnte ich nicht gerecht werden. Aber er war mein bester Freund, deshalb wollte ich ihn nicht verlieren. Gleichzeitig schaute ich mich nach anderen Männern um.

Vor einiger Zeit hatte ich Jonas über eine Freundin kennen gelernt. Wir haben uns von Anfang an gut verstanden, hatten in derselben Stadt gelebt und waren sogar auf derselben Schule gewesen. Allerdings nicht zur gleichen Zeit, weshalb wir uns vorher nicht kennengelernt hatten. Von Anfang an haben wir immer wieder mal miteinander geflirtet, sogar sehr heftig, aber eben nicht jedes Mal, wenn wir uns trafen. Manchmal war Jonas auch distanziert und beachtete mich kaum. Das hat mich immer irritiert. Außerdem war ich ja auch liiert.

Eines Abends war ich mit Freunden in einer Kneipe. Es war sehr lustig und trinkreich. Irgendwann kam auch Jonas mit einem Freund dazu. Wie sooft haben wir uns sehr gut unterhalten und geflirtet. Diesmal war da aber eine gewisse Verbundenheit zu spüren, er bemühte sich um mich und war sehr aufmerksam. Nach einer Weile waren wir wie eine verschworene Gemeinschaft. Nach und nach sind alle anderen gegangen. Auch sein

Kumpel wollte nicht mehr mit uns weiterziehen. Also sind wir nur noch zu zweit in einen Club gegangen.

Ich weiß gar nicht mehr, wie es da so war. Ich weiß nur noch, dass wir am Rand der Tanzfläche saßen. Sein Kopf lag auf meinem Schoß, und ich habe ihn gekrault. Wir warteten auf den Sonnenaufgang. Wir haben ihn nicht gesehen, es war viel zu bewölkt, trotzdem war es irgendwie romantisch und intim. Es war auch vollkommen klar, dass wir miteinander nach Hause gehen würden. Obwohl ich sonst über so was ja eigentlich vorher gründlich nachdenke, war klar, dass sein »Kommst du mit?« nur eine rhetorische Frage sein würde.

Wir sind mit dem Taxi zu ihm gefahren, haben uns noch unterhalten und uns dann zusammen in seinem Badezimmer die Zähne geputzt. Besonders romantisch war's nicht mehr. Eher ganz nett. Wir waren sehr müde, und die Stimmung war ein wenig bemüht. Irgendwie haben wir den Punkt verpasst, an dem es am schönsten war.

Natürlich haben wir trotzdem miteinander geschlafen. Das war aber total seltsam, weil ich plötzlich das Gefühl hatte, dass das jetzt gar nichts mehr mit mir zu tun hat. Mein Part war, wenn auch nicht verzichtbar, so doch völlig austauschbar. Ich hatte das Gefühl, Jonas fickt mit sich selbst. Das hört sich komisch an, ich weiß. Ich kann das auch nicht richtig erklären. Aber irgendwie hat sich das so angefühlt.

Es hat mich währenddessen an die Szene eines Films erinnert, ich lag da und dachte an »Abgeschminkt«. In dem Film ist die beste Freundin der Hauptdarstellerin in einen relativ gut aussehenden Typen verknallt. Sie landet auch mit ihm im Bett. Der Typ ist aber ein totaler Egomane und Narzisst. Er hat neben seinem Bett einen Spiegel, und während er sie fickt, schaut er sich dabei die ganze Zeit im Spiegel an und lächelt sich zu, als würde er mit sich selbst ficken. Na ja, und so ähnlich hat sich das angefühlt.

Nach ein wenig Schlaf sind wir verkatert aufgestanden. Jonas hat für mich gekocht. Wir haben gegessen und uns unterhalten. Aber nicht sehr entspannt. Zu diesem Zeitpunkt wirkte er eher wie ein kleiner, etwas unsicherer Junge, der gleich mit seinem Kumpel Rad fahren geht. Also bin ich bald nach dem Essen gegangen.

Seine durchaus beeindruckende Wohnung lag in einem Wiener Villenviertel. Nachdem ich mich verabschiedet hatte, schlenderte ich noch ein wenig durch die Straßen. Es war ein sonniger warmer Sonntagmittag, und ich fühlte mich trotz des enttäuschenden Sex ganz gut. Ich hab meine Freundin angerufen und ihr von der Nacht erzählt. Da sie Jonas kannte, konnte sie sich alles sehr gut vorstellen. Als ich ihr erzählte, dass ich den heutigen Abend mit Matthias, also meinem Noch-Freund, verbringen würde, machte sie eine abfällige Bemerkung, woraufhin ich mich schäbig fühlte. Total blöd. Schließlich hatte ich nicht zum ersten Mal meinen Freund betrogen. Allerdings hatte es sich diesmal nicht wirklich gelohnt.

MISS PUNTA CANA

Stefanie (28), Zahntechnikerin, Berlin
über
Joachim (36), Animateur, Punta Cana

Vor einem Jahr bin ich mit meiner Kollegin Kerstin in die Dominikanische Republik geflogen. Mein Freund Markus hatte mich betrogen, und ich brauchte dringend eine Auszeit. Eine Bekannte, die die beiden zusammen gesehen hatte, hat mir davon erzählt. Ich habe Markus zur Rede gestellt und er hat sofort alles zugegeben. Er beteuerte, dass es ihm schrecklich leid tue und ihm die andere nichts bedeute. Ich habe geschimpft und geschrien; der Gedanke, dass er mich ständig angelogen hat, gesagt hat, er geht zu seinem Freund oder zum Sport, hat mich wahnsinnig wütend gemacht. Bestimmt genauso schlimm für mich war, aber das hab ich erst im Nachhinein festgestellt, dass ich gar nicht wirklich eifersüchtig war, sondern vor allem wütend und gekränkt. Niemand wird gern betrogen, doch ich wusste nicht mal, ob ich Markus noch liebte.

Ich wollte für eine Weile weg aus Berlin und mir überlegen, wie es weitergehen soll. Eigentlich war mein Plan, meine Eltern zu besuchen, die auf einem kleinen Dorf leben, aber Kerstin, mit der ich im Zahnlabor arbeite, hat mich dann überredet, mit ihr Urlaub in Punta Cana zu machen. Zehn Tage all-inclusive in der Karibik, ich musste mein Konto überziehen, so weit bin ich nie zuvor weg gewesen. Kerstin fährt sonst immer nach Ibiza, ihre Erzählungen klingen ziemlich aufregend, wenn auch nicht gerade erholsam.

Schon drei Wochen vorher haben wir kaum noch von was anderem gesprochen und sind jeden zweiten Tag in der Mittagspause zur Sonnenbank gerannt, um am Strand nicht so blass auszusehen. Mittags haben wir nur noch Salat gegessen, na ja meistens, und uns bei der Arbeit ständig Fotos von dominikanischen Stränden angesehen.

Schon im Flugzeug haben wir tolle Leute kennengelernt, fünf Jungs aus Leipzig, mit denen wir Sekt getrunken haben, bis mir übel wurde. Kerstin hat mit dem Typen rumgeknutscht, der neben ihr saß. Sie war ziemlich angeschickert, der Sekt am frühen Morgen, ohne Frühstück, und hat mir während des Knutschens immer so peinlich zugezwinkert und gewinkt. Als hätte ich es nicht auch so mitbekommen. Aber es war danach für sie bestimmt ziemlich unangenehm, noch stundenlang neben jemandem zu sitzen, zu schlafen und Filme zu gucken, mit dem man zum Kennenlernen rumgeknutscht hat. Na, selbst schuld.

Auf der vierzigminütigen Busfahrt vom Flughafen zum Hotel hab ich ein bisschen Angst bekommen, so weit weg zu sein, das Land ist doch etwas furchterregend, heiß und arm und ganz anders als Berlin. Das Hotel war dann sehr schön und riesengroß. Wir bekamen einen Welcome-Cocktail und ein All-inclusive-Bändchen ums Handgelenk. Ein geschlängelter Fußweg, rechts und links von Bungalows gesäumt, führte durch einen gepflegten Garten um die geschmackvoll angelegte Hotelanlage. Es gab zwei große Swimmingpools, eine kleine »Swim-up-Bar« und eine große Pool-Bar, wo den ganzen Tag Musik lief, eine Diskothek, die jeden Abend geöffnet hatte, und überall standen Liegestühle, auf denen Leute lagen, die Cocktailgläser oder Hähnchenschenkel in den Händen hielten. Ich hab mich gleich sehr wohl gefühlt.

Kerstin und ich haben erst mal geschlafen, obwohl die Klimaanlage im Bungalow wirklich ohrenbetäubend laut gedröhnt hat, und uns dann hübsch gemacht, um zum Abendessen zu gehen.

Vorher haben wir uns kurz den Strand angesehen, sehr gepflegt und weitläufig. Auch dort gab es zwei schicke Bars und in der Mitte ein Animationshäuschen. Auf dem kurzen Weg zum Strand wurden wir mehrmals von Männern angesprochen, die uns gar nicht mehr von der Seite weichen wollten. Obwohl wir nicht auf ihr Gerede eingingen, liefen die Typen einfach neben uns her und fragten in schlechtem Englisch immer wieder, wo wir herkämen, wo wir hingingen und ob wir nicht mit ihnen in eine Bar kommen wollten. Erst vor der Restaurantanlage wurden wir sie wieder los. Kerstin grinste, ihr gefiel so was.

Im Restaurant gab es riesige Tische mit ansprechend aussehendem Buffet, obwohl so einiges für mich undefinierbar aussah. Lieber hielt ich mich an Nudeln und Salat. Beim Abendessen fragte uns der Kellner, der die Getränke brachte, ob wir nicht nach Feierabend Zeit für ihn hätten. Erst verstand ich die Frage gar nicht, Zeit wofür denn, aber Kerstin lachte und sagte, dass wir alleine tanzen gehen wollten. Der zweite Kellner, der die Teller abräumte, wollte uns in eine Bar mitnehmen, ebenso der Ober am Buffettisch.

Alle machten uns Komplimente, und obwohl mich das etwas verunsicherte, gewöhnte ich mich doch schnell daran. Später fragte mich der Barmann an der Pool-Bar, ob ich am nächsten Abend mit ihm essen gehen wollte. Er nahm allerdings gleich vorweg, dass ich das Essen und die Getränke sowie das Hotel danach selbst würde bezahlen müssen, weil er ja schließlich nur 5000 Pesos im Monat verdiene. Auch müsse er davon noch seine Frau und seine drei Kinder ernähren. Höflich, aber bestimmt lehnte ich ab.

Unter den Gästen bewegten sich Animateure, die blaue Hemden trugen, beinahe jeden mit Namen zu kennen schienen, laut und oft lachten und permanent lächelten. Einer von ihnen gesellte sich bald zu uns.

»Hey ho, ich bin Joe!« Das stand auch groß auf dem T-Shirt, das er unter dem geöffneten blauen Hemd trug. Auf Joes Unterarm war ein Goofy tätowiert. Unter seinem Strohhut hervor kringelten sich strähnige sonnengebleichte Locken. Joe kam aus Deutschland und hieß eigentlich Joachim, wie mir ein paar Tage später ein anderer Animateur nicht ohne eine gewisse Häme anvertraute. Er war groß und sportlich, doch mit einem leichten Bauchansatz, den man allerdings nur sah, wenn er mal vergaß, den Bauch einzuziehen. Seine Haut war dunkelbraun und sonnengegerbt, er sah aus, als würde er seit Jahren jeden Tag am Strand braten. Das tat er wahrscheinlich auch. Kerstin und ich ließen uns von Joe in das vielfältige Programm einführen, es gab Karaoke, Wassergymnastik, Beach-Volleyball, Trinkspiele jeglicher Art und Unzähliges mehr. Man konnte sich den ganzen Tag und die ganze Nacht bespaßen lassen.

Wir freuten uns, verabredeten, am nächsten Morgen beim Wassersport und bald bei der Wahl der »Miss Punta Cana« mitzumachen, stießen mit Joe an und zogen dann weiter zur Disko. Den ganzen Abend tanzten wir, es liefen die neuesten Hits, ließen uns anquatschen, tranken und hatten Spaß. Ähnlich verliefen die folgenden Tage, wir hatten schon mittags am Strand den ersten Cocktail in der Hand, der leider scheußlich war, Rum mit Sirup und chemischem Fruchtsaftersatz, aber man gewöhnte sich daran. Die Hotelanlage konnte man nicht verlassen, wie wir sehr bald von anderen Urlaubern erfuhren; zwar gab es Ausflüge, doch waren diese teuer und gefährlich. Ich fand das nicht weiter schlimm, es gab ja alles, was man braucht, im Hotel.

Wir sangen Karaoke und einmal nahm ich an der Wassergymnastik teil, doch brach ich nach der Hälfte ab. Ich war doch im Urlaub. Manchmal wurde es mir aber auch zu viel, und ich wäre gerne mal einen Moment ungestört gewesen. Doch sobald ich meinen Krimi aufschlug, zog mich ein Animateur am Fuß, fuchtelte ein Händler mit Sonnenbrillen vor meiner Nase rum oder tropfte mir ein Cola-Verkäufer kalte Tropfen auf den Rücken. Wenn Kerstin neben mir lag, brabbelte sie unentwegt auf mich ein, wie verliebt sie sei. Ich fand das ziemlich öde. Sie hatte sich gleich am zweiten Tag in Ingo, einen deutschen Urlauber, verliebt, mit dem sie seither zu den unterschiedlichsten Zeiten unseren Bungalow blockierte und mir auf die Nerven fiel. Auch im Urlaub sollte man sich meiner Meinung nach benehmen können!

Wer mir ebenfalls manchmal ziemlich auf die Nerven fiel, war Joe. In den kurzen Pausen zwischen den Animationsspielen pflegte er sich zu mir zu setzen, und zwar ganz eng an mich auf den Rand meiner Liege. Gern griff er dann nach meinem Sonnenöl und begann mich trotz meines Protestes einzureiben. Geschwätzig erzählte er mir von seinen Abenteuern als »Ani« in der »Domi« und wie viele Prominente er schon kennen gelernt habe. Er gewährte mir dabei eine gute Sicht auf seine Vorderzähne, und ich betrachtete interessiert die schlecht gemachten Kronen. So etwas würde es in unserem Labor nicht geben.

Immerhin sprach Joe wenigstens deutsch und hielt mir durch seine Gesellschaft die Verkäufer und die Einheimischen vom Leib. Ich spreche sehr schlecht englisch und empfand es als Zumutung, ständig in dieser Sprache angesprochen zu werden. Warum lernen da eigentlich so wenige Leute Deutsch?

Schlimmer noch fand ich, dass man von den Animateuren zu den Spielen gezwungen wurde, zumindest zu denen, die mehr Organisationsaufwand erfordert hatten. Der sollte ja nicht umsonst gewesen sein. Ob man sich lesend, schlafend, bewusstlos oder tot stellte, gnadenlos wurde man an Fuß oder Arm gepackt und auf die Spielfläche gezogen. Ohne Erbarmen wurden selbst stark alkoholisierte Cocktailleichen zu immer weiteren »Funny Games« getrieben, und nicht selten sah ich, wie der eine oder andere durch den Trubel ins Straucheln geriet und seinen Magen-inhalt wieder von sich gab. So was kenne ich eher vom Baller-mann und ich finde das in unserem Alter wirklich nicht mehr schön. Aber na ja, wir waren ja im Urlaub.

Abends aßen wir jetzt oft mit Ingo und seinen Freunden, und die waren meist auch dabei, wenn wir in die Disko gingen. Aber nach einem ersten Abchecken hatten sie erstaunlich schnell das Interesse an mir verloren. Vielleicht bin ich ein bisschen zu schnip-pisch gewesen, das verstehen Männer manchmal falsch. Eigent-lich waren sie hierhergekommen, um Frauen kennenzulernen, und dass sie bis auf Ingo bisher kein Glück gehabt hatten, ver-bitterte sie. Sie regten sich furchtbar über die deutschen Urlau-berinnen auf, die bloß mit den Animateuren ins Bett gehen woll-ten. Alle »Domi-Urlauberinnen« seien Schlampen, wiederholten sie immer wieder. Das war anstrengend und so legte ich auf ihre Gesellschaft keinen großen Wert. Auch nahm ich es ihnen sehr übel, dass sie mir trotz ihrer Verzweiflung nicht mehr Beachtung zukommen ließen.

Aber mit einem hatten sie nicht ganz Unrecht, abends auf den Terrassen saßen massenhaft Urlauberinnen, die mit blauen Hemden knutschten, Arm in Arm liefen die Pärchen über den Strand und tanzten schamlos miteinander in den Diskotheken. Die dachten wohl, im Urlaub könne man sich alles erlauben.

So begann ich, mehr und mehr Zeit mit Joe zu verbringen. Er war aufmerksam, höflich, eigentlich immer da, und es war einfach, sich mit ihm zu unterhalten. Er hatte Kerstin und mich überredet, bei der Wahl der »Miss« und des »Mister Punta Cana« teilzunehmen, die am achten Tag unseres Aufenthalts stattfinden sollte.

»Das wird ein Riesenspaß! Hammergut! Und ihr gewinnt be-stimmt!«, hatte er gesagt, und Kerstin und ich hatten einander irritiert angeblickt. Ihr? Wer jetzt? Beide ging ja nicht. Vielleicht sagte er das einfach so und meinte es gar nicht ernst? Wie auch immer, wir machten natürlich trotzdem mit. Ich zog meinen schönsten Bikini an, ölte, schminkte und frisierte mich aufwendig. Kerstin versuchte mich mit einem neongelben Tangastring zu übertrumpfen, den sie sich meiner Ansicht nach eigentlich nicht leisten konnte.

Wir Teilnehmerinnen mussten uns neben einer großen Bühne aufstellen, alle im Bikini. Dann gingen wir zweimal alle hintereinander über die Bühne, während die Zuschauer klatschten und johlten. Es machte viel Spaß, obwohl die Zuschauer nicht müde wurden, »Ausziehen! Ausziehen!« zu brüllen. Wir hatten alle eine Nummer gezogen und wurden anschließend einzeln von einem schwitzenden Moderator auf die Bühne gerufen. Er stellte uns Fragen, die zugegebenermaßen etwas flach und schlüpfrig waren.

»Oh, deine zwei Argumente trägst du unübersehbar vor dir her«, begrüßte er die erste Teilnehmerin. »Wie willst du es denn unseren Gästen danken, wenn sie dich zur ›Miss Punto Cana‹ wählen?« Die Zuschauer grölten laut. »Ausziehen! Ausziehen!«

»Ein hübscher Bikini!«, rief er mir zur Begrüßung zu und ich kniff wütend die Lippen zusammen. Etwa nur der Bikini? Ich bemühte mich, ihn bei der Beantwortung seiner Fragen nicht anzufauchen. Leider habe ich nicht gewonnen. Kerstin zum Glück auch nicht. Es gewann ein Mädchen, das tatsächlich den Rufen der Zuschauer nachgekommen ist, ihr Bikinioberteil ausgezogen und mit ihren Brüsten gewackelt hat. So was Billiges! Und das wird auch noch honoriert! Ich rege mich noch heute darüber auf! Wir sollten nach der Wahl noch einmal alle auf die Bühne treten, doch ich weigerte mich. Fuchsteufelswild fuhr ich den zuständigen Animateur an, dass er mich mal sonst was könne, das sei kein fairer Wettkampf gewesen, als plötzlich Joe neben mir stand. Beruhigend tätschelte er meinen Arm und reichte mir ein

Cuba-Libre-Glas, das ich in einem Zug austrank. Doch auch ihm zuliebe lief ich kein weiteres Mal über die Bühne. Gemeinsam sahen wir uns die Wahl des »Mister Punta Cana« an. Es waren schon einige hübsche Kerle dabei. »Ausziehen! Ausziehen!«, brüllten nun die Zuschauerinnen, ich brüllte laut mit. Doch ohne Erfolg.

Es gewann ein muskelbepackter Schnurrbartträger, der einen viel zu kleinen Kopf hatte und so stark mit braunem Öl eingerieben war, dass er tropfte und bei seinem ersten Bühnengang tatsächlich beinahe ausgerutscht wäre. Ich hatte doch gewusst, dass hier kein ehrlicher Wettkampf stattfand. Noch immer wütend ließ ich mich bei Joe aus, der zustimmend nickte und immer neue Gläser mit Rum holte. Es war mein vorletzter Abend, daher wollte er mir »mal so richtig einen ausgeben«. Wir standen an einem palmkronengesäumten Tisch in der Nähe der Bühne, auf der ein paar Animateure jetzt eine Tanz-Nummer hinlegten, die die Urlauber zum Mittanzen animieren sollte. Ich sah Ingo, der auf Kerstin zulief, die noch immer bei der Bühne stand und sich mit dem Moderator unterhielt. Ingo hatte ihr ein Schild gemalt, auf dem »Miss Punta« stand. Blödsinnig grinsend nahm sie es entgegen und umarmte ihn stürmisch. Obwohl sie doch gar nicht rechtmäßig gewählt worden war! Arm in Arm verschwanden die beiden in der Zuschauermenge, Kerstin hielt ihr Schild hoch. Da konnte ich nur den Kopf schütteln.

»Ich werde ganz traurig, wenn ich daran denke, dass du bald weg bist«, riss mich Joe aus meinen Gedanken. Er blickte mich unglücklich an. »Ohne dich wird es hier sehr langweilig sein.«

»Wirklich?« Das freute mich. Ich war auch traurig, dass der Urlaub schon vorbei war. Und am Montag wieder arbeiten, ein schrecklicher Gedanke. Außerdem hatte ich irgendwie mehr erwartet, was, das wusste ich auch nicht genau. Ich trug noch immer nur meinen Bikini und war mittlerweile schon ziemlich betrunken. Joe ging noch zwei Rum holen und tätschelte im Vorbeigehen meinen Hintern. Na ja, und wie das im Urlaub manchmal so läuft, vor allem wenn Alkohol im Spiel ist, haben wir uns irgendwann geküsst. Dann haben wir kurz versucht zu tanzen, ich habe darauf bestanden, weil ich nicht wollte, dass alles so schnell geht. Aber wir waren viel zu betrunken. Joe tanzte wie ein betrunkener Clown, er riss die Augen ganz weit auf, formte übertrieben Worte mit den Lippen und wedelte wild mit den Armen. Da ich das nicht mit ansehen konnte, zog ich ihn schnell von der Tanzfläche.

Wir setzten uns auf die Terrasse des Bungalows, den Joe mit José, der hier ebenfalls als Animateur arbeitete, bewohnte, und tranken weiter Rum. Ich war ein wenig unsicher, ob ich hier das Richtige tat, doch Joe bemühte sich wortreich um mich, schmeichelte mir und ich blieb. Leider. Eng umschlungen betraten wir den dunklen Bungalow und ließen uns auf dem Bett nieder. Da ich immer noch nur den Bikini anhatte, ging alles ziemlich schnell. Joe entledigte sich in Windeseile seiner Kleidung und lag auf mir drauf. Der Sex an sich verlief bemerkenswert eintönig, wir blieben in der Missionarsstellung. Ich unternahm auch keinen Versuch, das zu ändern, denn Joe wirkte merkwürdig unbeteiligt, als wäre er mit seinen Gedanken schon wieder woanders. Irgendwie leidenschaftslos, was mich verunsicherte. Anscheinend ging es ihm gar nicht um den Sex, denn jetzt, wo er die Beute in seiner Hütte hatte, die Trophäe erlegt war, hatte er das Interesse verloren. Kurz nachdem es vorbei war, wir lagen ohne etwas zu sagen nebeneinander im Bett, ging plötzlich die Tür auf.

José steckte seinen Kopf ins Zimmer. Schnell zog ich die Decke über mich.

»Han terminado?«, fragte er. Seid ihr fertig? José musterte mich neugierig, ohne mich zu begrüßen. Sein Blick war mir unangenehm und ich schaute zur Decke. Die beiden unterhielten sich eine Weile auf Spanisch, scherzten miteinander, so als wäre ich gar nicht da. Ich wäre am liebsten im Erdboden versunken, doch ich blieb liegen und versuchte möglichst unbeteiligt zu wirken. Als José endlich gegangen war, zog ich mir schnell meinen Bikini über. Plötzlich kam es mir mehr als beschämend vor, so halbnackt durch die Gegend zu laufen und ich fluchte innerlich, dass ich kein Kleid mitgenommen hatte.

»Ciao, mach's gut!«, rief mir Joe hinterher, als ich wie ein begossener Pudel den Bungalow verließ. Er lag noch immer im Bett und machte keine Anstalten aufzustehen.

Am nächsten Tag, unserem letzten, lagen Kerstin und ich auf Liegestühlen am Strand und dösten. Ich hatte ihr nichts von der Nacht erzählt, denn ich missgönnte ihr die Schadenfreude. Mir war übel von all den Kopfschmerztabletten, die ich geschluckt hatte, um den Kater zu bekämpfen. Da sah ich durch halb geöffnete Augen, wie Joe mit einer hässlichen, dicklichen Rheinländerin, die protzige Ohrringe und eine – mit Sicherheit gefälschte – Guccitasche trug, den Strand entlangkam. Als sie sich auf einem nahe stehenden Liegestuhl niederließ, setzte er sich neben sie an den Rand. Gleich wird er ihre Sonnencreme an sich reißen und die Kuh eincremen wollen, dachte ich, und prompt hielt Joe die Flasche auch schon in der Hand.

»Guck mal, Stefanie, der Joe hat eine neue Flamme«, sagte Kerstin beiläufig und blinzelte in die Sonne.

»Na und?«, fragte ich desinteressiert. Jemandem mit solch schlecht gemachten Kronen wollte ich nicht meine Aufmerksamkeit schenken.

Die 23. Todsünde des Sex: Übermut

SCHLECHTEN SEX
HAB ICH JEDEN TAG!

Tina (19) Bäckereifachverkäuferin, Dresden
über
Stefan (25) Pornodarsteller, Eisenhüttenstadt

Schlechter Sex? Schlechten Sex hab ich jeden Tag! Das ist mein Job, ich drehe Pornos. Aber nicht nur. Ich komme aus Eisenhüttenstadt, und wer diese Stadt kennt, der weiß, dass da wirklich gar nichts geht. Ich kann von Glück sprechen, dass ich jetzt hier bin. Überall, nur nicht in Eisenhüttenstadt. Wir haben schon dort Pornos gedreht, auf CDs gebrannt und die an der polnischen Grenze verkauft. Damals war ich fünfzehn, als wir damit angefangen haben. Meine Eltern? Denen war das egal, glaub ich, die haben eh immer nur in Kneipen rumgehangen und Korn gesoffen.

Die Pornodreherei damals war eher Zeitvertreib, Spielerei halt. Meine Freunde und ich haben zuvor den ganzen Tag an der Bushaltestelle verbracht, sind vor Schlägern abgehauen und haben versucht, an Alkohol oder an Geld für Alkohol zu kommen. Bis Rico uns eines Tages angesprochen hat. Er war schon 24, ziemlich cool, und er hatte eine Wohnung. Keiner wusste so richtig, wovon er lebte. Aber er hatte immer Geld. Bei ihm zuhause haben wir Partys gefeiert, er hat Alk besorgt und wir haben miteinander rumgemacht. Erst nur ich mit Rico, dann Nathalie mit Rico, dann wir alle miteinander. Wir haben einfach die Pornos nachgespielt, die Rico stapelweise vorrätig hatte. Dann auch mit

143

anderen Jungs und Rico hat gefilmt. Anschließend haben wir uns das alle gemeinsam angeguckt. Nathalie und ich waren ziemlich stolz, das weiß ich noch, wir kamen uns ein bisschen vor wie richtige Stars, zumindest am Anfang.

Die Idee, die Filme zu verkaufen, kam natürlich von Rico. Er hat ständig nach Möglichkeiten gesucht, Geld zu machen, und uns versprochen, dass wir ganz groß rauskommen. So blöd, das zu glauben, war ich nicht mal damals, aber trotzdem kann man das als meinen Einstieg ins Pornogeschäft bezeichnen. Nee, scheiße fand ich das nicht, dass sich das jeder ansehen konnte. Das fand ich damals sogar ganz gut. In Eisenhüttenstadt wussten eh alle Leute davon. Wie auch immer.

Irgendwann waren meine Eltern doch noch für was gut. Ein alter »Kollege« meines Vaters hat mir eine Ausbildung in Dresden besorgt, als Bäckerazubi. Aber ich hatte nur 350 Euro im Monat, kein Witz, und dafür musste ich jeden Morgen um 5 Uhr raus und dann ewig lange schuften. Also hab ich da auch wieder mit Pornodrehen angefangen. Ich war ziemlich pleite, na ja verschuldet, in Dresden ist das Leben nämlich noch teurer als in Eisenhüttenstadt. Ich brauchte dringend Geld. Es war nicht schwierig, das Stadtmagazin aufgeschlagen, die erste Anzeige passte nicht: »Hobbyknipser sucht weibliche Modelle, bitte stark behaart oder vollbusig«. Weder noch! Da war auch sicher nichts zu holen. Aber die zweite: »Erotikproduktion sucht weibliche Darstellerinnen zwecks Seriendreh. Gute Verdienstmöglichkeiten.«

Als ich da ankam, war ich sofort beeindruckt. Das Equipment wirkte professionell, meilenweit entfernt von Ricos schmuddeliger, schlecht ausgeleuchteter Kellerwohnung und der alten Hi-8-Kamera seiner Eltern. Obwohl ich nervös war, fiel mir das Ganze leichter, als ich gedacht hätte. Die Leute hatten Erfahrung mit Anfängerinnen, besonders die Frau für die Schminke hat mich beruhigt und war sehr nett zu mir. Der Regisseur und die anwesenden Typen waren zwar eher von der unangenehmen Sorte, aber der Darsteller, mit dem ich die Szene drehen sollte, ging klar. Bodybuilder, braun gebrannt, Mitte zwanzig, ich glaube, er hieß Stefan.

Okay, ich glaub es nicht nur, ich weiß, dass er Stefan hieß, denn Stefan ist mir unvergesslich geblieben. Aus gutem Grund.

Stefan war anscheinend Dauerhauptrolle und Standardhengst der kleinen Filmproduktion. Der Regisseur schien dermaßen beeindruckt von Stefans Darstellungstalent, dass er mir fast schon schwul vorkam. Ständig hätschelte und tätschelte er an ihm herum und wich ihm nicht von der Seite. Dabei war Stefans Schwanz gar nicht mal viel größer als Ricos und den hatte ich immer als eher mittelmäßig eingestuft. Trotzdem hat Stefans Schwanz die Hauptrolle in meiner Geschichte.

Wir begannen mit dem Dreh. Es war ziemliches Standardprogramm, ich liege mit Sandra, meiner Kollegin, auf dem Sofa, wir küssen uns und dann leck ich ihre kahl rasierte Muschi. Die Anwesenheit der anderen machte mir nicht viel aus, abschalten konnte ich schon immer ganz gut, und außerdem hielt sich der Regisseur mit Anweisungen zurück. Er wirkte auch viel weniger interessiert als Rico, der immer Regisseur und Hauptdarsteller in einer Person war, und sich nie mit irgendwas zurückhalten konnte. Manchmal etwas anstrengend.

Es war ziemlich heiß in dem Raum, weil circa eine Million Lampen auf uns gerichtet waren, und ich begann zu schwitzen.

Die zweite Szene war auch leicht. Während Sandra meine Muschi leckte, beobachtete ich Stefan, der sich im Hintergrund die Kleider vom Körper reißt und musste fast lachen, als er sich hektisch und auf einem Bein stehend der letzten Socke entledigt. Erektionsprobleme hatte er offensichtlich nicht.

Schnitte schienen in unserer Produktion nicht vorgesehen, der Kameramann drehte die Sache in einem durch. Stefan kommt ins

Bild und hält uns seinen Schwanz hin. Sandra und ich krabbeln auf ihn zu und nehmen ihn abwechselnd in den Mund. Zehn Minuten lang lutschen wir auf allen vieren seinen Ständer, es ist ziemlich anstrengend, bis endlich ein Szenenwechsel angesagt ist. Stefan fickt jetzt Sandra auf dem Sofa, ich knie daneben. Zwischendrin zieht er seinen Schwanz aus ihr raus und stößt ihn mir in den Rachen. Ich musste mich konzentrieren, damit das klappt, er ist doch nicht besonders professionell, sondern etwas hektisch, aber es ging schon.

Die Hitze im Raum machte mich echt fertig, ich war schweißüberströmt, als endlich Pause war. Regisseur Frank war sehr zufrieden mit unserem Einsatz und Stefan guckte ganz verklärt aus der Wäsche, während er sich ein Wasser aufmachte. Zehn Minuten später waren wir wieder auf dem Sofa zugange, ich sitze rittlings auf Stefan und Sandra sieht uns zu, während sie ekstatisch ihre Muschi reibt.

In der Pause hatte Frank mir zweihundert Euro mehr für eine Anal-Szene geboten und ich hatte angenommen. Ich steh zwar nicht auf anal, aber für das Geld! Auf Franks geflüsterte Anweisung hin drückte ich meinen Körper hoch und balancierte mit angewinkelten Beinen über Stefan, der seinen Schwanz in Position bringt. Meine Füße hatte ich rechts und links auf seinen Knien abgestellt. Stefan umfasste meine Taille und zog mich langsam auf sich.

Im Nachhinein glaube ich, der Schweiß war schuld. Als Stefan mir gerade ganz langsam den ganzen Schwanz in den Arsch geschoben hatte, glitt mein rechter Fuß von seinem feuchten Oberschenkel, mein Körper kippte nach rechts und ich rutschte zwischen Stefans Beine. Mit dem Schwanz im Arsch. Stefan schrie auf. Ich fand mich vor dem Sofa wieder, Frank, die Maskenbildnerin und der Kameramann starrten uns an. Sandra flüchtete vom Sofa, während Stefan sich zusammengekrümmt herumwälzte und ein unnatürliches Geheul von sich gab. Sandra tippte hektisch in ihr Handy und rief einen Krankenwagen. Stefans Schwanz sah tatsächlich aus, als wäre er gebrochen, furchtbar. Er war eingefallen und ganz schwarz und blau. Ich überlegte, ob mir schlecht werden soll.

Armer Stefan, es hatte ihn wirklich schlimm erwischt, wie ich später erfahren habe. Der Krankenwagen brachte ihn direkt ins Krankenhaus, wo man eine Penisfraktur diagnostizierte. Er wurde in ein Krankenbett verfrachtet und mit Medikamenten vollgepumpt, die ihn ruhig halten und eine unfreiwillige Erektion verhindern sollten. Diese könnte zu Komplikationen bei der Heilung führen, sagte ihm der Doktor, und Komplikationen zur Amputation.

Ja, genau, ich hab ihn besucht, direkt am nächsten Tag, ich dachte halt, das müsste ich. Doch er hat sich nicht so wirklich gefreut, daher bin ich ziemlich schnell wieder abgehauen.

Als er mit dem Krankenwagen weg ist, blieb ich erst mal am Tatort zurück und schämte mich. Frank war sehr nett, zum Glück, denn obwohl er völlig geschockt war, tröstete er mich. So ein Unfall könnte nun mal passieren. Außerdem sei vorher alles ganz blendend gelaufen, ich hätte wirklich Potenzial. Sobald er einen neuen Hauptdarsteller für die Serie aufgetrieben hätte, würde er sich wieder bei mir melden. Ich hab kurz an Rico gedacht, das wäre eine einmalige Chance für ihn, aus Eisenhüttenstadt rauszukommen. Aber nee, ist ja jeder für sich selbst verantwortlich.

Ja, ich mach das mit dem Drehen immer noch, nicht so oft, aber ab und an muss ich meine Finanzen aufbessern. Obwohl man immer weniger Kohle kriegt, es gibt ja immer mehr Leute, die mit Pornos Geld machen wollen, das verdirbt natürlich die Preise.

Nein, mir ist zum Glück bisher nie wieder so was passiert.

DIE BESTEN ZEHN MINUTEN MEINES LEBENS

Conny (31), Fremdsprachensekretärin, Kaiserslautern
über
Vincent (41), Gastronom, Baden-Baden

Früher war ich immer ziemlich brav. Ich komme aus Trier und bin sehr behütet aufgewachsen. Meinen ersten Freund hatte ich mit siebzehn und hätte die ZVS uns nach dem Abitur nicht unsanft auseinandergerissen, wären wir vielleicht immer noch zusammen.

Ich wohne jetzt in Kaiserslautern, bin Single und arbeite als Fremdsprachensekretärin. Das Erlebnis, von dem ich erzählen möchte, liegt zwei Jahre zurück. Damals war ich noch mit Björn liiert, es war unser viertes Jahr, und ich dachte, wir würden bald heiraten. Ich hatte vor einem Jahr angefangen, ihn zu betrügen und fühlte mich dabei ziemlich schäbig. Ich hoffte, wenn wir heiraten und ein Kind bekommen würden, könnte ich mit dem Fremdgehen aufhören.

Björn arbeitete bei einer Bank als Anlageberater. Er war schlau, lustig und ich konnte mich immer auf ihn verlassen. Aber nach zwei Jahren mit ihm war mir doch oft auch recht langweilig. Ich wollte es nicht, aber ich sehnte mich nach Abenteuern, Verliebtheit und Aufregung. Ich hätte früher nie gedacht, dass mir das jemals passieren würde, Sex hat in meinem Leben nie eine große Rolle gespielt. Bis ich dann vor einem Jahr Jan getroffen habe und alles anders wurde. Er hat mich völlig überrumpelt, ich wusste nicht, dass es so was gibt, dass Sex so gut und einfach sein könnte.

Es war auf einem Geburtstagsfest, der sechzigste Geburtstag eines Kollegen aus Björns Bank. Das Fest fand im Garten statt, und es gab einen Cateringservice, der die Speisen aufgebaut hatte. Jan war einer der Ober, der die Gerichte servierte und später durch die Tische lief, um die Gläser zu füllen. Er war groß, dunkelblond und hatte scharf geschwungene Augenbrauen, die seinem Blick etwas Diabolisches verliehen. Er fixierte mich. Er fixierte mich dermaßen unverschämt, dass ich fürchtete, alle Anwesenden würde es mitbekommen. Unter dem Vorwand, nicht mehr in die Sonne blinzeln zu wollen, setzte ich mich mit dem Rücken zu ihm.

Das Haus des Gastgebers war groß und von einer Gartenanlage umgeben. Als ich gegen Abend aus einer der Gästetoiletten trat, stand Jan vor der Tür und schob mich sanft wieder zurück. Ich wollte protestieren, doch er legte seinen Finger auf meine Lippen und sagte: »Keine Angst!«

Ich habe vorher noch nie so etwas getan, hatte noch niemals einen fremden Mann geküsst, und ich kann es noch immer nicht erklären, doch an diesem Tag ließ ich mich von Jan küssen und auf den Boden ziehen. Ich hatte die besten zehn Minuten meines bisherigen Lebens, auf dem Boden einer Gästetoilette, mit einem Kellner, den ich nicht kannte, auf einem Geburtstagsfest, während mein Mann draußen saß und über das Bankenwesen diskutierte.

Dieser Tag hat mein Leben grundlegend verändert. Mit zitternden Knien kehrte ich an unseren Tisch zurück und verbrachte den Rest des Abends wie in Trance. In der Nacht lag ich lange wach. Jan hatte mir einen Zettel mit seiner Telefonnummer neben mein Rotweinglas gelegt. Immer wieder nahm ich ihn in die Hand, zerknüllte ihn und faltete ihn wieder auseinander, bis ich ihn an einer roten Ampel aus dem Fenster warf. Ein paar Stunden später kehrte ich zu Fuß zu der Kreuzung zurück und suchte nach dem Papier, konnte es aber nicht finden.

Obwohl ich nur seinen Vornamen kannte, konnte ich Jans Nummer überraschend einfach über die Cateringagentur herausfinden. Ich rief ihn an, er lud mich zu sich ein. Über drei Monate hatten wir eine intensive Affäre, und als der erste Rausch vorbei war, hat es sich erstaunlich einvernehmlich aufgelöst. Die Zeit mit Jan machte mich neugierig, ich wollte mehr. Trotz der Selbstvorwürfe und meines schlechten Gewissens blühte ich in dieser Zeit auf. Ich färbte meine Haare heller, kaufte mir teure Unterwäsche, fühlte mich attraktiv. Und meine Umwelt reagierte auf meinen Wandel, plötzlich bekam ich von allen Seiten Komplimente, eindeutige Angebote, mir wurden sogar Telefonnummern zugesteckt. Ab und an ging ich darauf ein, ich wollte etwas erleben.

Nur Björn bemerkte keinerlei Veränderung. Er vertraute mir und hätte mich niemals verdächtigt. Er wunderte sich nicht, dass ich plötzlich bis mitten in der Nacht mit »Bekannten aus dem Fitnessstudio« trank, mittags ständig zu Kaffeekränzchen lief, überdreht und ruhelos war.

Früher hatte ich Frivolität verabscheut, das freizügige Verhalten vieler meiner Bekannten war mir geradezu zuwider gewesen. Jetzt war mir plötzlich alles zu bieder und leblos. Ich sonderte mich von meinem Freundeskreis ab. Fernsehabende mit Björn, Einkaufsbummel mit Freundinnen, gemeinsame Abendessen mit Kollegen, all das erschien mir nun als unumgängliche Zumutung. Ich musste mich zusammenreißen, um unseren Alltag aufrechtzuerhalten.

Im Kosmetikstudio hatte ich Tatum kennengelernt. Sie kam aus England, hatte rabenschwarze Haare und beeindruckte mich vom ersten Moment an maßlos. Tatum hatte ebenfalls einen

Freund, Vincent, mit dem sie seit Langem liiert war. Sie erzählte mir, dass sie schon immer Affären gehabt hätte. Solange Vincent davon nichts wusste, war das für sie in Ordnung. Ich wollte ständig von ihren Erlebnissen hören, war ganz süchtig danach.

Eines Tages fragte Tatum mich, ob ich nicht ihr Geburtstagsgeschenk für Vincent sein wolle. Er spreche oft davon, wie toll es wäre, mal eine andere Frau mit im Bett zu haben. Erst war ich schockiert, aber zugleich neugierig, und ich ließ mich schnell überreden.

Als Vincent am Samstagabend, zwei Tage nach seinem neununddreißigsten Geburtstag, aus dem Tennisclub kam, lag ich mit Tatum in seinem Whirlpool. Wir hatten den ganzen Nachmittag Sekt getrunken, ich war aufgeregt und ziemlich beschwipst. Tatums nackter Körper neben meinem fühlte sich in dem heißen Wasser weich, glatt und gut an.

»Hey, Vince, das ist Conny, dein Geburtstagsgeschenk!«, begrüßte Tatum ihn bemerkenswert unbekümmert. Ihr Freund starrte uns einen Moment an, dann riss er sich die Kleider vom Leib und schwang sich ungestüm in den Pool. Eine kleine Flutwelle schwappte mir ins Gesicht, mein sorgfältig aufgetragenes Make-up lief mir die Wangen runter und brannte in meinen Augen. Leicht verärgert begrüßte ich ihn. Vincent hatte es sich neben mir bequem gemacht und hielt mir die Hand hin, was ich irgendwie unangebracht fand.

»Hallo, Conny, von dir hab ich schon eine Menge gehört«, sagte er mit ohrenbetäubend lauter Stimme. Vincent gefiel mir nicht, er war laut und irgendwie plump, grobschlächtig. Tatum hing gebannt an seinen Lippen und lachte schrill über etwas, was er gerade gesagt hatte. Was fand sie nur an ihm? Trotz allem fand ich die Situation auch reizvoll, ich wollte noch immer etwas erleben. Und Tatum war ja bei mir. Also schüttete ich gläserweise Champagner runter, in letzter Zeit trank ich eh zu viel, während Vincent über ein gewonnenes Tennismatch schwadronierte. Plötzlich fasste er mir an die Brust.

»Nette Titten!«, grinste er. Charming ... das sollte wohl ein Kompliment sein? Dann erhob er sich unvermittelt, wobei er erneut Wellen schlug, und lief zu einem der Badezimmerschränke. Er nahm eine braune Flasche raus, schüttete sich zwei Tabletten in die Hand und warf sie in den Mund.

»Viagra«, flüsterte mir Tatum verschwörerisch zu.

»Kommt doch mal da raus, ihr beiden.« Vincent stand vor dem Pool und zog an Tatums Fuß. Wir standen auf, wobei er mich gierig beäugte. Er hatte eine gewaltige Erektion. Ich zog mir schnell einen Bademantel über und folgte ihnen ins Schlafzimmer.

»Den brauchst du doch nicht ...« Energisch riss Vincent meinen Bademantel runter, griff nach meinem Handgelenk und schubste mich aufs Bett. Mit der anderen Hand grapschte er nach Tatum, die sich bereitwillig mitziehen ließ.

»Na, dann kommt mal her.«

Vincent bugsierte uns so, dass wir auf allen vieren vor ihm kauerten, und griff uns zwischen die Beine. Das war wohl so etwas wie Vorspiel, denn direkt danach begann er uns zu ficken. Abwechselnd. Es war genau wie in einem Pornofilm. Ab und an ließ er seine Hand fest auf meinen Hintern klatschen. Tatum stöhnte laut, drückte ihren Rücken durch, den Po hoch und ihr Gesicht auf die Matratze. Ekstatisch warf sie den Kopf hin und her und schrie bei jedem Stoß laut auf. Ich fühlte mich mehr als fehl am Platz. Plötzlich war meine Abenteuerlust wie weggeblasen. Da griff Vincent nach mir, schubste mich auf den Rücken und warf sich über mich. Er war schwer, schwitzte stark und gab merkwürdige Geräusche von sich. Ob das an den Tabletten lag? Ja, er grunzte. Er grunzte so laut, dass ich irritiert zu Tatum blickte. Es war widerwärtig! Tatum blickte uns mit verklärtem Blick an und hatte sich nun auch auf dem Rücken liegend für ihren Freund in Position gebracht. Doch Vincent war in Rage, er fickte mich, schnell und hart und so, als wolle er nie wieder aufhören und gab dabei immer lauter werdende, abstoßende Geräusche von sich. Es klang wirklich viehisch, und ich wusste nicht, ob ich lachen oder weinen sollte. Mit Schrecken dachte ich an das Viagra und überlegte, wie lange die Wirkung wohl anhalten würde. Als ich gerade beschlossen hatte, dass es jetzt unerträglich wurde, griff Tatum in das Geschehen ein und erlöste mich.

»Vince, ich bin auch noch da.«

Als er nicht reagierte, stieß sie den laut schnaubenden Vincent rabiat an, der um sich blickte, als wüsste er gar nicht, wo er sei. Doch ließ er dann schlagartig von mir ab und warf sich auf seine Freundin. Sofort ergriff ich die Möglichkeit zur Flucht und lief, ohne mich noch einmal umzublicken, aus dem Zimmer. Von Grunzlauten und Tatums künstlichem Stöhnen begleitet, zog ich mich an. Ich wollte raus, so schnell wie möglich, bevor sie mein Verschwinden bemerkten. Im Nachhinein ekelte ich mich. Zuhause duschte ich, fast eine Stunde lang, nur langsam erholte ich mich von dem Erlebnis. Ich weiß nicht, was ich erwartet hatte, das jedenfalls nicht.

Und es war noch nicht vorbei. Tatums Anrufe habe ich nur noch zögerlich beantwortet, treffen wollte ich sie nicht mehr. Als ich zwei Wochen später von der Arbeit kam, stand Vincent an mein Auto gelehnt. Er zwang mir einen Begrüßungskuss auf, bei dem sich meine Nackenhaare sträubten. Die Erinnerung an die Grunzlaute stieg in mir hoch und mir schauderte. Er kam gleich zur Sache. Ich brauchte einen Moment, um den Sinn seiner Worte zu begreifen, entsetzt starrte ich ihn an. Vincent kannte Björn aus dem Tennisclub und wollte mich nun erpressen. Er drohte mir, meinem »wohl situierten« Freund von unserem »Abenteuer«, wie er es nannte, zu berichten, wenn ich nicht ab und an zu einem Date bei ihm vorbeikommen würde. So viel Niedertracht verschlug mir die Sprache. Vincent hatte auch gar keine Antwort erwartet: »Du hast eine Woche Zeit, dich zu entscheiden, ruf mich an!«

Weg war er. Mit seiner Visitenkarte in der Hand blieb ich noch eine Weile neben meinem Auto stehen, unfähig mich zu bewegen. Zwei Tage quälte ich mich, lag nachts wach und konnte keinen klaren Gedanken fassen. Dann habe ich mich entschieden. Ich habe Björn alles erzählt. Nein, nicht von Jan und meinen kleinen Affären, das wollte ich ihm ersparen, aber von Tatum und dem Geburtstagsgeschenk. Björn fiel aus allen Wolken, ich habe sein Weltbild wohl völlig auf den Kopf gestellt. Er schrie mich nicht an, sondern blieb ganz ruhig, war erschüttert, er brauchte eine Weile, um meine Geschichte zu verarbeiten. Danach war er bereit, alle Schuld auf Tatums schlechten Einfluss zu schieben und mir eine neue Chance zu geben. Ich müsste nur versprechen, wieder so zu sein wie früher, so wie er mich kannte. Doch das konnte ich nicht. Ich wollte mich nicht mehr langweilen, verstellen müssen und auch nicht mehr lügen. Also habe ich Björn verlassen. Ich bin seither Single, meine Entscheidung habe ich nicht bereut.

DAS ZIEL EINER LANGEN REISE

Christiane (28), Architekturstudentin, Berlin
über
Sascha (28), Tobias (29), Fred (30), ...

Schlechten Sex hatte ich schon sehr oft. Von siebzehn bis sie-benundzwanzig, jetzt eigentlich nicht mehr. Das ist nicht so tragisch, wie es klingt, denn ich wusste es nicht besser. Ich dachte sogar immer, dass mein Sexleben vielleicht nicht bombig, aber doch ziemlich okay ist. Erst im Nachhinein weiß ich, wie viel besser es hätte sein können. Wenn dir nicht klar ist, was du willst, ist Sex meist nur richtig gut, wenn du verliebt bist. Frü-her hatte ich oft aus Langeweile Sex, oder nur, um nicht alleine nach Hause gehen zu müssen. Das klingt etwas anspruchslos, aber wenn ich mich mit jemandem gut verstanden habe und mich unterhalten konnte, hab ich oft darüber hinweggesehen, wenn es im Bett nicht so lief.

Ich war zum Beispiel mehrere Monate mit einem zusammen, der immer hundert Ausflüchte gesucht hat, um nicht mit mir schlafen zu müssen. Hätte er einfach so getan, als wäre nichts ... aber er hat immer ganz weit ausgeholt, mir von Schlafman-gel plus grippalem Infekt plus Migräne erzählt, das hat es erst schlimm gemacht.

Dann hatte ich mal einen Freund, Sascha, der nach vier, spä-testens mal acht Minuten gekommen ist. Könnte man mit leben, mancher ist halt etwas unbeherrscht, aber er musste sich danach immer erst mal ewig ausruhen und hat sich dann auch einfach nicht mehr gerührt.

Einmal bin ich mit einem Musiker mitgegangen, den ich in einem Club kennengelernt hatte. Er musste morgens ganz früh zu irgendeinem Dreh, ich bin Stunden später alleine bei ihm aufgewacht. Ich hab mich ein bisschen umgesehen, er hatte eine coole Wohnung, nur ziemlich verdreckt. Das fand ich nicht schlimm, bis ich unters Bett gesehen habe. Über die Taschentücher, die circa. 20 verschrumpelten Kondome und Gleitgeltütchen von Billy Boy, die da im Schmutz lagen, hätte ich vielleicht noch hinwegsehen können, aber es lag auch ein aufgequollener vertrockneter Tampon da. Was sind das für Frauen, die sich nicht um ihre Tampons kümmern? Also bin ich nach Hause gegangen.

Mehrere Monate lang war ich mit Fred zusammen, der verheiratet war. Er war sehr leidenschaftlich, was aber nur seiner abgenutzten Ehe anzurechnen war. So gut wie nie ist er ans Telefon gegangen, dafür hat er mir uninspirierte Geschenke mitgebracht. Für unsere Treffen musste er immer genaue Termine festlegen, die er per Kürzel in sein Palmbook eingetragen hat. Nach dem Sex ist er aufgesprungen, hat meinen Körpergeruch abgeduscht und ist nach Hause geeilt. Beim Rausgehen hat er meine Haare von seiner Kleidung gezupft und wie ein Idiot gewunken. Genauso gut hätte er noch zwei Scheine auf meinen Tisch legen können, dann hätte ich mich auch nicht schlechter gefühlt.

Ich hatte auch mal eine längere Beziehung, fast vier Jahre. Mein Freund Tobias hat nach den ersten anderthalb Jahren langsam jegliches Interesse an Sex verloren. Ich fand das bedauerlich, aber tröstete mich damit, dass es halt normal sei. Alle meine Freundinnen, die lange liiert sind, haben eigentlich kaum noch Sex. Die Liebe kriegt irgendwann eine neue Qualität, wandelt sich, man massiert sich gegenseitig, tätschelt sich im Vorbeigehen. Doch ist eine Fußmassage kein Vorspiel mehr dazu, übereinander herzufallen. Wenn dir dein Freund die Füße massiert, bist du danach an der Reihe, das ist alles.

Eines Tages habe ich aber herausgefunden, dass Tobias offenbar jeder gut aussehenden Frau hinterhergelaufen ist und jedes schmuddelige Abenteuer mitgenommen hat, das sich ihm bot. Ich habe sein Outlook durchgesehen, er stand in Kontakt mit bestimmt sieben Mädchen gleichzeitig, alte, frische und zukünftige Affären. Vieles, was er geschrieben hat, kannte ich noch aus unserer Anfangszeit, und er begann sich auch bei seinen Korrespondenzen zu wiederholen. Immer wieder las ich: »Hey Traumfrau, ich wünschte, ich wäre jetzt bei dir«, »Hallo schöne Frau! Ich denke an dich« oder »Tausend Küsse, dein Tobi« ... Die Standards halt, doch wenn man das am gleichen Tag an fünf Frauen tippt, lässt es doch eine gewisse wünschenswerte Exklusivität vermissen. Sein Erfolg bei Frauen war wohl nur seiner Penetranz anzurechnen. Ich bin erstaunlich leicht darüber hinweggekommen, der Typ war einfach zu abgefuckt, als dass ich ihm hinterhertrauern wollte. Also hab ich es auch nicht getan.

Mit siebenundzwanzig habe ich zum ersten Mal erkannt, wobei es beim Sex eigentlich gehen sollte. Ich hatte jemanden kennengelernt, der ein bisschen älter war. Davor hatte ich immer nur Freunde, die so alt waren wie ich oder jünger. Nick ist 38 und erzählt mir beim Sex, wie sehr er mich begehrt. Das kann natürlich auch ganz furchtbar sein, bei dem Falschen, aber bei Nick ist alles richtig, bei ihm ist kein einziges dummes Wort dabei. Ich kann mich zum ersten Mal einfach fallen lassen, ohne mir Mühe geben zu müssen. Es ist wie ein Rausch. Dazu kommt die Art, wie er mich anfasst. Es passt einfach. Früher hab ich mir beim Sex oft Gedanken gemacht, wie ich aussehe, und ob ich alles richtig mache. Wenn Nick mich anfasst, ist das unmöglich, alle Gedanken sind wie weggeblasen. Nick ist das Ziel einer langen Reise und ich bin froh, dass sie vorbei ist.

WIR WAREN NICHT ZU ZWEIT, WIR WAREN ZWANZIG

Eva (30), Grundschullehrerin, Mainz
über
Mio (32), Mainz

Als ich siebzehn war, habe ich mich von meinem Freund getrennt. Er war mein erster Freund, wir waren zwei Jahre lang zusammen. Anderweitige Erfahrungen hatte ich nicht. Es waren Sommerferien und ich war sehr glücklich, dass ich diese Trennung endlich hinter mir hatte. Ich hatte das viel zu lange rausgeschoben und im Nachhinein wusste ich gar nicht, wieso. Mir ging es viel besser als vorher. Endlich fing die Partyzeit für mich an! Nur eins störte enorm, mein Ferienjob. Ich hatte einen Aushilfsjob in einer Drogerie angenommen, ganze drei Mal in der Woche musste ich Regale einräumen. Morgens um 9 Uhr ging es los, ich musste einen Kittel anziehen und mir mein Namensschild anstecken. Über meinem Namen stand: »Ich platze vor guter Laune!« Kein Witz!

Morgens um neun in den Sommerferien war ich meist noch leicht alkoholisiert und stand unter Schock durch das frühe Aufstehen. Das Schild half da auch nicht weiter. Deshalb war ich hellauf begeistert, als der Filialleiter mich nach einer Woche um ein »Gespräch unter vier Augen« bat. Er forderte mich auf, nicht mehr zu erscheinen und am besten gleich nach Hause zu gehen. Hatte ich gerade noch beinahe im Stehen geschlafen, den Kopf an das Shampooregal gelehnt, zog ich nun meine Kittelschürze aus und verließ beschwingten Schrittes den Laden.

Es war natürlich schade um das Geld, ich hatte für meinen Führerschein sparen wollen. Geld haben ist ja auch toll, aber Geld sparen hat mir noch nie Spaß gemacht. Und auf keinen Fall zu diesem Preis! Meinen Eltern sagte ich lieber erst mal nichts davon. Über sie würde ich mir später Gedanken machen. Meine Eltern arbeiten beide als Lehrer, hatten also auch Ferien und wenn ich morgens das Haus verließ, um meinen Drogeriejob anzutreten, schliefen sie noch. Meine neu gewonnene Arbeitslosigkeit bot mir ungeahnte Amüsementmöglichkeiten. Wenn meine Eltern nachts schliefen, kletterte ich aus dem Wohnzimmerfenster und lief zu Fuß drei Kilometer in die Stadt, um die Nacht in Bars und Diskotheken zu verbringen.

Eigentlich war mir das verboten, oder ich musste spätestens um ein Uhr wieder zu Hause sein. Jetzt betrat ich erst nach eins die Läden und fand mich dabei ziemlich cool. Ich musste natürlich woanders schlafen und konnte auch erst nachmittags wieder nach Hause, um keinen Verdacht zu erregen, aber das war mir meine Freiheit wert. Ich schlief eh am liebsten bis vier Uhr am Nachmittag.

Am dritten Ausgehabend in Freiheit habe ich Mio kennengelernt. Eigentlich kannte ich ihn schon lange vom Sehen, er hatte schwarze Haare, geschminkte Augen und war achtzehn oder neunzehn Jahre alt. Wir unterhielten uns an der Bar. Ich war nervös und hätte mich gerne betrunken, aber ich hatte wie immer kein Geld, und er offenbar auch nicht. Ich fand Mio so toll, dass ich in seiner Gegenwart kaum ein Wort rausbrachte, also musste ich ihn anderweitig beeindrucken. Als der Barmann sich umdrehte, griff ich über die Theke und schnappte mir eine Whiskeyflasche, die ich in meiner Umhängetasche verschwinden ließ. Mein Plan ging auf, Mio war hingerissen.

Wir verließen gemeinsam die Diskothek. Hand in Hand liefen wir durch die dunklen Straßen und tranken Whiskey aus der Flasche. Mio fing an, gegen Straßenlaternen zu treten, um sie auszulöschen. Jungs machen so was, zumindest früher. Ich kannte das schon, nach einer Weile gehen die Lichter wieder an, es ist also sinnlos. Um Mio dazubehalten, hab ich ihm ein paar meiner Lieblingslieder vorgesungen. Teilweise mit Quatschenglisch, ich dachte, er merkt das nicht. Ich weiß noch, beim Aufwachen am nächsten Morgen war mein erster Gedanke: »Verdammt, ich hätte nicht singen sollen!« Als wäre das das Schlimmste ...

Auf einer kleinen Brücke sind wir stehen geblieben und haben ins Wasser geschaut. Mio hat mich umarmt und geküsst, es war alles sehr romantisch. Na ja, zumindest fand ich zu diesem Zeitpunkt alles noch ganz großartig. Gegen Morgen, es dämmerte schon, sind wir zu ihm gegangen. Mio wohnte im Haus seiner Eltern, aber im Souterrain und somit relativ abgeschieden. Sein Zimmer sah cool aus, als wäre dort jeden Abend Punk-Karaoke, überall Flaschen, Aschenbecher und Chaos. Ich fand das damals beneidenswert. Meine Mutter dagegen stellte mir fast jeden Tag auffordernd den Staubsauger vor die Tür und betrat mein Zimmer nie ohne ein Staubtuch in der Hand.

Auf Mios Boden lag eine Matratze mit Schlafsäcken, auf der wir die Nacht verbrachten. Er war der Zweite, mit dem ich Sex hatte, und ich war viel zu aufgeregt. Froh, dass ich so betrunken war, hab ich mich nur bemüht, keinen größeren Schaden anzurichten und mich möglichst wenig zu bewegen. Als es vorbei war, haben wir noch eine Weile wach gelegen, eng umschlungen, und uns ewige Liebe geschworen.

Am nächsten Nachmittag ging es mir schrecklich. Mir war übel, irgendetwas in meinem Kopf schien platzen zu wollen. Ich hatte furchtbar geschlafen, denn die Matratze war unbequem und es gab kein Kopfkissen. Doch ich musste aufstehen und nach

Hause gehen, meine Eltern würden sicherlich schon auf mich warten. Mio ging es sicher nicht viel besser, sobald ich mich bewegte, tat er, als würde er schlafen. Ich wäre eh nicht in der Lage gewesen, mich zu verabschieden, also suchte ich meine Sachen zusammen, verzichtete auf einen Strumpf und gab sogar meinen Lieblings-BH verloren. Ein schmerzlicher Verlust, aber Mio lag wahrscheinlich darauf, was hätte ich tun sollen?

Als ich zu Fuß meine Straße erreichte, stand meine Mutter bereits in der Haustür. Sie lief mir schimpfend und mit vor Wut hochrotem Gesicht entgegen, packte mich am Arm und zerrte mich die letzten Meter ins Haus. Völlig unnötig, es bestand keinerlei Fluchtgefahr. Ich wollte nur in mein Bett und meine Ruhe. Aber so einfach war das nicht, erst musste ich mir einiges anhören. Meine Eltern hatten mich in der Drogerie besuchen wollen, und erfahren müssen, dass man mir gekündigt hatte. Ich kann mir richtig vorstellen, wie der Filialleiter insgeheim voller Schadenfreude die Gelegenheit ergriff, meinen Eltern zu erzählen, dass ich die schlechteste Aushilfe seines Lebens gewesen sei. Ich erhielt Hausarrest. Das war mir erst mal egal, ich wollte nur schlafen.

Drei Tage später saß ich mit meinen Eltern im Auto. Es war Teil meiner Strafe, dass ich sie auf einer fünftägigen Reise zu meiner Tante nach Prag begleiten musste. Sie hätten mir kaum Schlimmeres antun können. Die laute, aufdringliche Verwandtschaft meiner Mutter, die mich nie auch nur fünf Minuten in Ruhe ließ und ständig bösartige, grenzüberschreitende Fragen stellte, um mich in Verlegenheit zu bringen, freute sich bestimmt schon darauf, mich zu empfangen und zu quälen.

Die Fahrt dauerte acht Stunden, von denen noch sechs vor mir lagen. Es ging mir also ohnehin nicht gut. Außerdem juckte es seit Tagen zwischen meinen Beinen. Meine Eltern saßen vorne. Ich kauerte zusammengesunken auf der Rückbank, starrte apathisch vor mich hin und unterbrach meine Reglosigkeit nur, um mich ab und an verstohlen zu kratzen. Da sah ich plötzlich, wie ein kleines graues Tier aus dem Bund meiner Hose krabbelte. Es war nur etwa einen Millimeter lang und dennoch sehr präsent. Mein Herzschlag setzte aus, als das winzige Tier über meinen Bauch wanderte. Ich packte es und betrachtete es fassungslos, während es zwischen meinen Fingerspitzen zappelte. Ich hatte schon einiges über Filzläuse gehört, zum Beispiel, dass es keine Ratten seien, aber niemals in meinem Leben hatte ich damit gerechnet, jemals eine in der Hand zu halten.

»Eva, willst du ein Käsebrot?« Meine Mutter drehte sich auf dem Vordersitz zu mir um. Ich fixierte sie über die Laus hinweg. Mein Hals war wie zugeschnürt und ich konnte nur den Kopf schütteln.

»Du bist ja ganz blass«, fügte meine Mutter mit Missfallen hinzu und wandte sich wieder ab. Ich schwieg. Die restliche Autofahrt war die Hölle. Sechs Stunden lang verharrte ich in Leichenstarre und wünschte mir, ich wäre tot. Oder jemand ganz anderes, irgendwo ganz weit weg. Immer wieder lugte ich heimlich in meine Hose, um die Ausmaße des Grauens abschätzen zu können. Schlimmer noch als die Tatsache, dass diese Tiere jetzt in meiner Schambehaarung hausten, war die Frage, wo um alles in der Welt sie herkamen. Woher um Gottes willen hatte Mio sie?

Auf einer Rastplatztoilette untersuchte ich die widerwärtigen Biester genauer. Wie sollte ich sie bloß wieder loswerden? Meine Eltern konnte ich schlecht fragen, eine bizarre Vorstellung. Ich konnte gar nichts tun, nur die Ankunft in Prag abwarten.

Irgendwie habe ich die Begrüßungszeremonie überlebt und war nach quälend langer Zeit endlich allein im Badezimmer. Ich verfluchte meine Verwandtschaft, die aus purer Bösartigkeit und sicherlich nur um mich zu quälen keinen Schlüssel zum Abschließen in der Tür hatte. Als wäre nicht schon alles schlimm genug!

Panisch riss ich den Badezimmerschrank auf und kippte Alkohol, Nagellackentferner, einfach alles, was ich fand, über meinen Intimbereich. Ohne Erfolg, wie ich bald feststellen musste. Sie krabbelten munter weiter. Am liebsten hätte ich die kleinen Monster angezündet, weggeätzt, erschossen, aber das ging ja nicht.

Nachts, als alle schliefen, schlich ich erneut ins Bad, versperrte die Tür mit einem Stuhl, den ich unter die Klinke klemmte, und ließ mir ein Bad ein. Dann nahm ich den Nass-Rasierer meines Onkels zur Hand. Es ging erstaunlich leicht. Kahl rasiert sah ich wenig später zu, wie die letzte Laus im Abfluss verschwand. Der Schock blieb.

Wie hatte Mio mir das antun können? Ich habe es nie herausgefunden und kann es mir noch heute nicht erklären. Ich hoffte damals, dass er vielleicht irgendwann mal in einem falschen Schlafsack eines Kumpels übernachtet hätte, und so naiv es klingt, ich hoffe das eigentlich noch heute. Doch es ist unwahrscheinlich. Auch habe ich bisher niemals jemandem erzählt, dass ich schon mal »Sackratten« hatte. Ich habe auch noch nie jemanden kennengelernt, der erwähnte, jemals welche gehabt zu haben. Ich glaube, so etwas gibt man normalerweise nicht zu.

ICH KOMM GLEICH WIEDER

Maja (22), Germanistikstudentin, Bremen
über
Benni (25), Musiker, Bremen

Benni drehte den Schlüssel im Schloss und hielt mir die Tür auf. Wir betraten einen großen Flur, der wie ein begehbarer Kleiderschrank wirkte, überall Jacken, Kleiderständer und zwei große Spiegel. Er ging vor mir her ins Wohnzimmer. Rechts und links entlang der Wände hingen Gitarren, Poster und Fotos, die ihn und seine Band zeigten. Benni und ich hatten uns vor ein paar Stunden in der Wohnzimmerbar kennengelernt und er hatte mir dort bereits erzählt, dass er in einer Band singe.

»gehe gleich mit rockstar nach hause, sieht supercool aus! greetz«, hatte ich meiner Freundin beim Verlassen der Bar gesimst. Ihre Antwort kam schnell: »neid!«

Ich besah mir die Bilder an der Wand, während Benni sich auf ein großes helles Ledersofa setzte, einen Laptop einschaltete und begann, mir Musik vorzuspielen. Es gefiel mir. Zwar klang alles recht ähnlich und ich verstand die Texte schlecht, doch äußerte ich bei jedem Lied mein Gefallen. Wir hatten schon im Club fast ausschließlich über ihn gesprochen, aber das störte mich nicht. Seine Geschichten waren interessant und Benni trug sie wie ein geübter Schauspieler vor. Ich übernahm gern die Rolle des Publikums.

Nach einer Weile stand ich auf und sah mir den Rest seiner Wohnung an. Im Schlafzimmer hing eine Fotostrecke an der Wand, die ein bemerkenswert schönes Mädchen zeigte.

Ihr Gesicht hatte ich schon an der Wohnzimmerwand gesehen. Auf einigen Bildern war sie fast nackt und die Fotos hätten die Titelseite eines jeden Hochglanzmagazins zieren können. Ich betrachtete sie, plötzlich mit einem unguten Gefühl im Bauch. War das Bennis Freundin? Seine Ex vielleicht? Oder bloß eine gute Freundin? Keine dieser Möglichkeiten gefiel mir sonderlich. Da stand Benni plötzlich hinter mir.

»Das ist Jana, wir waren mal zusammen, ist aber vorbei. Eigentlich wollte ich die Bilder abhängen, bin nur noch nicht dazu gekommen.« Im nächsten Moment strich er mit seinem Finger über meinem T-Shirt langsam meine Wirbelsäule entlang. Ich bekam am ganzen Körper Gänsehaut. Langsam drehte ich mich zu ihm um und er schloss mich in die Arme.

»Komm zu mir«, flüsterte er und ich drückte mich fest gegen ihn. So verharrten wir mehrere Minuten, schweigend und beinahe regungslos, er hielt mich einfach umschlossen. Es sind solche Momente, die Mädchen wie mich verliebt machen. Menschen wie Benni wissen das genau, und sie gehen oft zu leichtfertig damit um.

Dann setzten wir uns auf sein Bett und umarmten uns. Er konnte sehr gut küssen und ließ sich viel Zeit damit, mich anzufassen und nach und nach auszuziehen. Ein Glück, dass ich mir vor dem Ausgehen noch die Beine rasiert hatte. Aus Erfahrung weiß ich, dass ich ganz gut blasen kann, das wollte ich offensiv nutzen. Vielleicht konnte ich ihn beeindrucken. Ich zog seine weißen Schießer-Shorts runter und küsste seinen Bauch. Es schien ihm zu gefallen, er ließ sich zurücksinken und ich beugte mich über ihn. Ab und zu stöhnte er und ich freute mich. Er sollte begeistert sein. Irgendwann zog Benni mich zu sich hoch, wir küssten uns wieder. Als wir gerade begonnen hatten, miteinander zu schlafen, Benni lag auf dem Rücken, ich war auf ihm, klingelte ein Telefon.

»Sorry«, sagte er einfach, schob mich beiseite und lief aus dem Zimmer. Sicherlich etwas sehr Wichtiges, hoffte ich, während ich ihn in der Küche telefonieren hörte, ohne die Worte zu verstehen. Nach etwa zehn Minuten kam er zurück.

»Etwas passiert?«, fragte ich, doch er vollführte bloß eine vage Geste mit der Hand und legte sich wieder zu mir. Später, als es gerade Spaß machte – Benni lag auf mir – klingelte das Handy erneut.

»Sorry! Ich komm gleich wieder.«

Ungläubig blickte ich hinterher, als Benni aufsprang und das Zimmer verließ. Mittlerweile war es vier Uhr früh. Wieder vernahm ich seine Stimme aus der Küche, doch diesmal dauerte das Gespräch länger. Was um alles in der Welt musste er jetzt so ausführlich besprechen? Nach mehr als zwanzigminütigem Warten stand ich auf und schlich in den Flur. Erst verstand ich nicht, worum es ging. Bennis Stimme klang sanft, schmeichelnd, er lachte ab und an, etwas gekünstelt, wie ich fand.

Dann hörte ich ihn beteuern: »Nein, nein, Jana, ich habe wirklich Zeit! Immer! Ich bin doch so froh, dass du mich angerufen hast. Ich habe ja gesagt, ruf mich jederzeit an, wenn du dich mal schlecht fühlst, ich heitere dich auf, ich bin für dich da.«

Ich wollte es nicht glauben. Bennis Exfreundin hatte schlechte Laune und ließ sich von ihm aufheitern?! Das war alles? Mitten in der Nacht? Ich hätte heulen können, doch wollte ich mir auf keinen Fall etwas anmerken lassen, das brachte nichts. Da das Gespräch nun wohl zu Ende war, lief ich ins Zimmer. Ich zog mich schnell an, es hatte ja offensichtlich keinen Sinn mehr, hier zu bleiben. Benni kam zurück und entschuldigte sich, dass er mich so lange hatte warten lassen. Er schien ein schlechtes Gewissen zu haben, doch dadurch fühlte ich mich nicht besser.

»Es gibt Probleme mit der Band«, sagte er und ich nickte verständnisvoll. Ich war froh, dass er jetzt nicht von seiner Exfreundin anfing. Es war alles so erniedrigend, ich wünschte nur, er hätte mich gar nicht erst mitgenommen. Benni schien überrascht, aber auch erleichtert, mich so einfach loszuwerden.

»Du kannst natürlich auch hierbleiben, wenn du magst? Oder, vielleicht treffen wir uns ja noch mal …«

Klar. Ich nickte und wollte mich bloß schnell verabschieden. Natürlich würden wir uns niemals wiedersehen. Als ich schon fast aus dem Zimmer war, sagte er das Schlimmste, was ich mir in dieser Situation vorstellen kann:

»Mach's gut! Ich hoffe nur, du hast dich nicht in mich verliebt!«

WARUM AUSGERECHNET ICH?

Lisa (32), Grafikerin, London
über
Männer an sich

Manchmal wundere ich mich, dass ich so oft auf Männer treffe, die denken, ich könnte einfach so durch bloßes Ficken zum Orgasmus kommen. Nicht mal in Pornofilmen tun sie heute noch so. Das Seltsamste daran ist, dass ihnen offensichtlich nie zuvor jemand erklärt hat, dass das nicht so ist. Ich bin ja nicht die erste Frau, mit der sie im Bett sind. Warum haben die anderen ihnen nicht gezeigt, wie das funktionieren könnte? Die meisten Männer wären doch dankbar. Und ich auch!

Männer können natürlich nicht die Standardfrage stellen »Wie war ich?« und hoffen, dass man das ehrlich beantwortet. Vielleicht gehen viele einfach nach dem durchaus legitimen Prinzip vor, dass jeder für seinen Orgasmus selbst verantwortlich ist. Wenn sich keine beschwert, wird schon alles okay sein. Damit machen sie es sich schön einfach und müssen sich nicht selbst in Frage stellen. Und man kann es ihnen eigentlich nicht mal übel nehmen. Eigentlich.

Doch wie kommt es, dass so viele Frauen offenbar nichts erklären wollen, selbst wenn das Potenzial gegeben ist? Wie oft hab ich mich beim Sex schon gefragt: Warum muss ausgerechnet ich diese Aufgabe übernehmen? Hätte sich da nicht mal vorher schon jemand drum kümmern können?

Natürlich ist auch wildes Übereinanderherfallen toll und oft genau das Richtige, gerade am Anfang und natürlich bei Affären und One-Night-Stands. Aber früher oder später nutzt sich das ab. Und wenn dir die Frau etwas wert ist (und alles ist ja bekanntlich viel toller, wenn dir jemand etwas bedeutet), ist es besser, wenn das Repertoire sich hier nicht erschöpft.

Noch vor kurzem war ich mit einem im Bett, der sicherlich alles richtig machen wollte. Dennoch fasste er mir einfach zwischen die Beine, im Glauben, es reiche, die Klitoris zu finden und drüberzureiben. Ich bin zusammengezuckt und habe seine Hand weggezogen. »Sanfter.«

Verunsichert fasste er mir nun etwas sanfter zwischen die Beine, schob dann aber bald grob seine Finger in mich rein. »Nein, du musst das wirklich ganz ganz sanft machen«, erklärte ich ihm und fühlte mich wie ein Idiot. Mit der Einstellung, dass man an Aufgaben wächst, hätte er es vielleicht noch retten können. Doch er wirkte mit jedem meiner Worte verunsicherter und das war alles andere als sexy. Also hab ich es aufgegeben. Wir haben noch ein bisschen gefickt, aber wiedersehen wollte ich ihn nicht. Er mich wahrscheinlich auch nicht, mein Anleitungsansatz hat ihm sichtlich zugesetzt. Das war eigentlich schon meine Geschichte.

Erklärungen sind ja nicht einfach, sondern höchst diffizil. Aber wohl wichtig. Also falls sich jemand dafür interessiert, hier ein paar wichtige Punkte dazu, was neben Ficken noch Spaß machen kann. Ich werde jetzt mal ein paar Grundregeln ansprechen, wobei ich mich aufs Pussylecken beschränke. Selbst Sexualamöben sollten noch lernen können, wie man sich um eine Pussy kümmert, es ist ja schließlich wirklich nicht allzu schwierig:

Unsicherheit ist nicht sexy. Selbstsicherheit macht viel mehr Spaß. Wenn du es genießt, sie anzuschauen und zu berühren, ist es toll, wenn man dir das auch ansieht. Lass dir Zeit und zeig, dass es dir Spaß macht. Wenn nicht, lass es lieber sein. Es ist nicht entspannend für Frauen, sich ständig zu fragen, ob alles okay ist oder es vielleicht zu lange dauert.

Beim Pussylecken ist Vorbereitung sehr wichtig, also bitte nicht die Beine auseinanderdrücken und deinen Kopf dazwischenschieben, sondern irgendwann beim Küssen und Umarmen langsam über Hals und Bauch nach unten küssen. Oder über Nacken, Schulter, Rücken natürlich, je nachdem.

Mit den Brüsten befasst du dich am besten während des Ausziehens. Dabei ist die ganze Brust wichtig, bitte keine Brustwarzenfixierung. Punktuelle Berührungen führen zu Überdruss und sind nie gut.

Wenn du beim Küssen unterhalb des Bauchnabels angekommen bist, könntest du ganz sanft mit den Fingerspitzen vom Knie an den Innenseiten der Oberschenkels entlangstreichen. Oder nimm Mund und Lippen für diese Strecke, Hauptsache, du machst das eine Weile, bis sie sich entspannt. Entspannung ist eine Grundvoraussetzung, wenn du sie lecken möchtest. Achte darauf, sie jetzt nicht durch Kneifen, Kratzen oder Beißen zu erschrecken, sonst ist die Entspannung erst mal wieder vorbei.

Bevor du deine Zunge benutzt, streiche vielleicht ganz sanft mit allen Fingerspitzen über ihre Pussy. Stell dir einfach vor, wie es sich anfühlt, wenn man einen Körperteil, der zehn Mal sensibler ist als der sensibelste Teil des männlichen Körpers, federleicht berührt. Selbst Anpusten wäre eigentlich gut, doch lieber nicht übertreiben.

Benutze abwechselnd deine Finger und deine Lippen, um die ihren wegzuschieben, tipp ihre Klitoris ganz leicht mit der Zunge an oder leck ganz langsam darüber, Hauptsache, du machst es zart. Wenn sie erst mal erregt ist, kannst du die Intensität steigern.

Positioniere dich ruhig so, dass es für dich einigermaßen bequem ist und du nicht durch einen steifen Hals aus dem Konzept gebracht wirst.

Versuche nicht zu kreativ zu sein, und wiederhole alles, was du tust, immer eine Weile. Wenn du von oben nach unten leckst, dann bleib eine gewisse Zeit dabei, wenn du mit der Zungenspitze gegen sie dippst, wiederhole auch das eine Weile.

Ein Zungenkuss mit der Klitoris ist anders als ein normaler Zungenkuss. Sei variantenreich, aber nimm dir für jede kleine Variante viel Zeit. Sollte sich ihr Körper abwehrend versteifen, weil du zum Beispiel an ihr saugst, hör auf damit. Auch wenn deine letzte Frau das großartig fand, kann diese es vielleicht nicht leiden. Du kannst es später noch mal vorsichtig damit probieren, aber wenn die Reaktion erneut negativ ausfällt, streich es aus deinem Repertoire. Zumindest bei ihr.

Frauen haben verschiedene Vorlieben, doch das weiß man ja. Ihre Reaktionen sind das Allerwichtigste, an ihnen kannst du dich orientieren. Wenn sie stöhnt, weil ihr etwas gefällt, bleib erst mal dabei, aber überreize es nicht. Spätestens, wenn sie wieder ruhig wird, geh zu etwas anderem über. Kitzler sind verschieden, von Größe, Form, Sensibilität und Vorlieben. Also halte dich an ihre Reaktionen und alles wird gut.

Vergiss beim Lecken nicht deine Finger. Nicht nur, um deine Zunge beizeiten zu entspannen und natürlich die Bandbreite der Klitberührungen zu erweitern. Auch um einen besseren Zugang zu haben. Alles an und um eine Pussy kann erotisiert werden, wenn du es richtig berührst. Du kannst dich ab und an aufrichten, um deinen Nacken zu entspannen, mit den Fingern weitermachen und sie dabei betrachten. Deine Finger in eine Muschi zu schieben, kann ihr überhaupt nichts bedeuten, aber mit dem richtigen Teasing kann es der Endgegner werden. Verspiel das nicht zu früh. Und vergiss das harte Fingern, das du aus Pornofilmen kennst. Das gehört erst mal nicht hierher.

Die erogeneren Zonen sind ohnehin außerhalb; wenn deine Finger erst drinnen sind, passiert nicht mehr allzu viel Neues.

Du kannst auch deinen Handrücken so platzieren, dass sie sich daran reiben kann, wenn sie möchte. Bis sie dich nahezu anfleht, endlich einen Finger in sie hineinzuschieben. Sollten stattdessen zwei Hände auftauchen, die deinen Kopf nach oben ziehen, verschieb es halt aufs nächste Mal ... was soll's. Aber versuchs einfach, üben hilft auf jeden Fall. Und irgendwann wirst du wissen, du hast alles richtig gemacht ...

So, ich breche hier ab, und beschränke mich auf diese Tipps. Ich musste diese Gelegenheit einfach nutzen und ich hoffe, es nützt jemandem. Denn dann hat es sich gelohnt.

THAI-MASSAGE

Joanna (26), Fotografin, Kassel
über
Thomas (43), Surflehrer, Sydney

Vor zwei Jahren war ich in Thailand auf Koh Phan Ngan. Meine Freundin und ich haben in einem kleinen Resort gewohnt, wir hatten einen Bungalow direkt am Strand. Abends lagen wir in Hängematten am Wasser und haben uns mit den anderen Backpackern unterhalten. Es war ein Australier dabei, Thomas, ein profilneurotischer Surflehrer, der ziemlich viel geredet hat. Er hat mir gefallen, zumindest war er kein Körperklaus, obwohl ich immer gegen ihn anreden musste. Als wir Hunger bekamen, sind wir zu zweit in ein kleines Restaurant gegangen.

»Mushroom-Omelette?«, las er mir aus der Karte vor. »Ob es das auch mit Magic Mushrooms gibt?« Thomas fragte den Kellner, der sofort grinste und sich erbot, mal nachzufragen. Nach zehn Minuten kam er an unseren Tisch zurück. Er würde ein Magic-Mushroom-Omelette zubereiten, extra für uns.

Als das Omelette kam, war ich enttäuscht. Es war nicht gerade farbschön, sondern gräulichbraun und schmeckte bitter. Thomas erklärte mir etwas wichtigtuerisch, genau so müsse ein Magic Omelette schmecken, er kenne sich da aus. Die Pilze müssten bitter sein und überhaupt hätte er ganz viel Erfahrung auf diesem Gebiet. Ich gähnte, aß aber brav auf. Nach dem Essen sind wir am Strand spazieren gegangen. Ich habe die Strandhunde gestreichelt und wir haben die Krabben beobachtet, die laut klackernd in ihren Löchern verschwinden, wenn man sich ihnen nähert. Er hat mir vom Surfen erzählt, und dabei ziemlich angegeben, ich ihm von meinem Studium. Wir haben uns dabei bemerkenswert wenig Fragen gestellt. Es war kein tolles Gespräch, aber das war mir auch nicht so wichtig. Ich dachte, fuck it, im wahrsten Sinne des Wortes.

Irgendwann sagte Thomas: »Mann, die Pilze wirken ja gar nicht!« Stimmt ja, die Pilze! Die hatte ich schon ganz vergessen. Ich konnte ebenfalls keine Wirkung feststellen. Wir haben noch ein Chang-Bier getrunken und sind zurück zu Thomas' Bungalow gelaufen. Er hatte keine Kerzen, irgendwie typisch, also saßen wir in völliger Dunkelheit auf seiner Terrasse. Wir sprachen über Massagen und wie wenig Leute so etwas wirklich beherrschen. Ich dachte, gleich zeigt er mir, wie gut er massieren kann, stattdessen nahm er meine Hand und zog mich in den Bungalow. Drinnen legte er sich auf die sandgefüllte Matratze und sagte: »Okay, dann mach mal. Danach bin ich dran.« Ich fand das ziemlich uncool. So ein schöner Rücken und so ein Scheißcharakter, wie schade. Dennoch blieb ich erst mal.

»Hast du Öl?«

»Ja, was ganz Tolles. Ein Naturprodukt mit Kräutern. Liegt auf dem Tisch.«

Ich tastete mich im Dunkeln zum Tisch, wobei ich mir das Knie anstieß. Zähneknirschend fand ich eine Tube, schraubte sie auf und presste den Inhalt großzügig auf Thomas' Rücken. Sein tolles Naturprodukt war offenbar irgend so ein merkwürdiges Ökozeug, mit dem ich überhaupt nicht klarkam. Es war zäh und roch stechend nach Menthol. Ich nahm noch etwas mehr. Die Massage funktionierte dennoch nicht so, wie ich das wollte. Thomas verhielt sich ganz still. Nach etwa fünf Minuten wurde mir schlagartig eins klar: Ich massiere den Rücken dieses Australiers mit Zahnpasta!

Mittlerweile begann die Masse auf seinem Rücken zu trocknen und fühlte sich höchst unangenehm an.

»Ich komm gleich wieder«, hauchte ich, um Contenance bemüht. Dann sprang ich auf und lief im Dunkeln aus dem Bungalow.

Meine Freundin lag schon auf unserer Sandmatratze, als ich mit zahnpastaverklebten Händen das Zimmer betrat.

»Haha, vielleicht haben die Pilze doch gewirkt«, lachte sie, als ich ihr alles erzählt hatte.

Am übernächsten Abend traf ich Thomas wieder. Er lief Hand in Hand mit einem Mädchen über den Strand. Ich musste grinsen und winkte ihm zu, doch er tat, als würde er mich nicht sehen und wechselte schnell die Richtung. Es war ihm sichtlich unangenehm, aber was soll's.

Ich war bloß froh, dass nicht er mich massiert hat.

LOKALPATRIOTISMUS

Maike (24), Studentin, Bremen
über
Thorsten (31), Sachbearbeiter, Emden

Eigentlich wollte ich mir abgewöhnen, anderen über die Tragik einer Jugend in norddeutschen Kleinstädten zu berichten. Erstens ist es zu selbstmitleidig, immer mit der eigenen provinziellen Herkunft hausieren zu gehen. Zweitens war ja auch nicht alles schlecht damals, man denke nur an die gute Luft auf dem Lande und die Weite der ostfriesischen Steppe.

Trotzdem musste ich nach dem Abitur endlich weg aus meiner Heimatstadt Emden, an der Emsmündung gelegen, hohe Arbeitslosigkeit trotz VW-Werk und Industriehafen. Die Stadt ist leider nicht einmal beschaulich mit ihren nur 50.000 Einwohnern trotz der gemütlichen Ostfriesen-Mentalität. Nach dem Zweiten Weltkrieg stand kaum ein Stein mehr auf dem anderen, der Geist der Fünfziger-Jahre-Architektur dominiert das Straßenbild.

Ich wollte mein Glück in Bremen versuchen, Lehramt Französisch und Englisch, wie meine Leistungskurse in der Schule. Bremen gefiel mir gut, zehnmal so viele Einwohner, Studenten und andere alternative Lebensentwürfe fanden sich im Steintor-Viertel zusammmen. Und die Uni ist schön groß und anonym, nicht wie die Fachhochschule Ostfriesland. Meine Besuche an der Küste beschränkten sich bald auf die wichtigen Feiertage und Geburtstage. Nach ein paar Tagen bei meinen Eltern hatte ich schnell genug und freute mich schon auf mein träges WG-Leben in der Hansestadt.

Natürlich spreche ich nur für mich und einige Wesensverwandte, wenn ich schwöre, nie wieder in einer Stadt ohne H&M, Flughafen und Bundesliga-Verein wohnen zu wollen. Andere sehen das ganz anders. Zum Beispiel der Großteil meines Jahrgangs. In rasender Geschwindigkeit wandten sich einige meiner ehemaligen Mitschüler einem Leben mit Schwiegereltern, Klinkerreihenendhaus, VW Passat und einer Karriere bei, sagen wir mal, der Stadtverwaltung zu oder, wer die Eltern wirklich beeindrucken wollte, einer Festanstellung bei VW am Band. Für die Mitschülerinnen galt Ähnliches, nur dass hier noch Heirat und Kinderkriegen mit auf der Wunschliste standen. So auch bei Miriam. Die Hochzeitsglocken läuteten im Emder Vorort Hinte. Endlich führte Miriams Jugendliebe Oliver sie zum Altar. Und ich war eingeladen. Das konnte ich mir einfach nicht entgehen lassen.

Nach der Trauung lud das Brautpaar zu Essen und Tanz. Der Austragungsort des Fests sollte ein Landgasthof vor den Toren der Stadt sein. Für die auswärtigen Gäste wie mich waren Übernachtungen organisiert worden. Nach zweistündiger Fahrt kam ich endlich in Emden an, neuerdings hielt die Deutsche Bahn eine Intercity-Anbindung nicht mehr für notwendig. Meine Mutter war enttäuscht, dass ich nicht länger bleiben wollte, brachte mich aber klaglos mit dem Auto zur Party. Daran war sie gewöhnt, wir Landkinder mussten ständig irgendwo abgeholt oder hingebracht werden.

Ich war spät dran, aber das war nur hilfreich. Bei meiner Ankunft waren die endlosen Lobreden und das ausgedehnte Festmahl schon einem ausgedehnten Tanz- und Saufgelage gewichen. Natürlich fand ich schnell Anschluss, nicht wenige alte Freunde und Bekannte gaben sich ebenfalls die Ehre. Kaum einer teilte jedoch meine kritische Einschätzung der Gesamtsituation. Und dann passierte leider, was in Verbindung mit Alkohol und Isolation oft passiert: Ich machte mit. Gegen 2 Uhr fand ich mich Arm in Arm mit meiner Sandkastenfreundin Lena, trübem Blick und Rum-Cola-Glas in der Hand auf der Tanzfläche wieder. Die »Band« spielte den Ketchup-Song, ich vermute als Playback. Wir tanzten unkoordiniert über den Dielenboden, ließen uns von Jungs betatschen und versuchten, die immer vollen Longdrink-Gläser zu leeren. Es kam, wie es kommen musste, nächste Station war das Obergeschoss des Gasthofs, wo ich für die Nacht untergebracht war. Lena war schuld, dass noch zwei Jungs dabei waren, ihre Namen lasse ich jetzt unerwähnt, das wird der Situation gerecht. An die sturzbetrunkene Orgie, die jetzt folgte, erinnere ich mich nur bruchstückhaft. Lena auf dem Sofa mit dem einen Typen, ihr lautes Gestöhne, während sie ihre dicken Beine um seinen noch dickeren Hintern schlingt. Ich im halbherzigen Abwehrkampf gegen den anderen Typen, der mir früher immer Gras besorgt hat und heute bei der Emder Sparkasse arbeitet. Die bierdunst- und rauchgeschwängerte Luft im Zimmer, die Übelkeit, die in Wellen über mich hinwegschwappte, wann immer seine Zunge in meinem Mund steckte.

Irgendwann waren alle weg, schon um sieben erwachte ich mit derart heftigen Kopfschmerzen, dass ich fürchtete und gleichzeitig hoffte, bewusstlos zu werden. Ich erbrach mich ins Klo und kühlte meine Stirn an den Badewannenkacheln. Nach endlosen Versuchen, mich anzuziehen, stand ich endlich auf der menschenleeren Straße vor dem Gasthof. Mein Handy hatte tatsächlich Netz. Ich hockte mich an den Straßenrand und wartete auf mein Taxi. Irgendwann kam es und brachte mich zum Hauptbahnhof, an dem ich nur eine Stunde warten musste, um dann mit einer Regionalbahn und gefühlten zwanzig Zwischenstopps zurück nach Bremen fahren zu können.

So schlimm die Nacht war, sie hat mich letztendlich von meiner Überheblichkeit kuriert. Seltsamerweise nutze ich mittler-

weile die Aufenthalte in der alten Heimat mit schöner Regel-
mäßigkeit, um mich besinnungslos zu saufen, mit den Jungs zu
spielen und dann in meinem Kinderzimmer zu liegen, während
sich alles dreht. So wie früher eben, als ich noch klein war und
vom Leben in der Großstadt träumte.

JOHANNES KAM SCHNELL

Klara (33), Journalistin, Stuttgart
über
Johannes (34), Agrarwissenschaftler, Nürnberg

Ein Johannes rief mich letzte Woche an, ich wusste gar nicht, wer er war. Ich war bei meiner Freundin Andi, die Kinder schliefen schon. Ein typischer Dienstagabend, ich hatte lange gearbeitet. Der Modus war: müde, »Tatort« gucken, nicht mehr aus dem Haus gehen, mit ungeputzten Zähnen ins Bett fallen.

»Ich komme jetzt zu dir!« – Mein verständnisloser Blick und mein fragendes Stammeln amüsierten Andrea, die neben mir auf dem Sofa lag.

»Von mir aus kannst du ruhig noch ausgehen«, meinte sie. Es hat ganz schön lange gedauert, bis ich wusste, wer dieser Johannes war. Mein Gedächtnis ist nicht das beste, aber dunkel erinnerte ich mich an den Bekannten eines Freundes, der vor ein paar Monaten auf meiner Couch übernachtet hatte. Überfordert lud ich ihn zu Andi ein.

Johannes kam, wir tranken Kamillentee. Er erzählte uns, was er so machte – davon hat er ganz viel erzählt. Er war Agrarwissenschaftler (also ein Bauer mit Diplom) und arbeitete für eine von bösen Lobbyisten organisierte gute Sache. Er erläuterte uns das ausführlich in Andis Küche, doch wir gähnten nur unaufmerksam.

Andi wurde recht schnell ungeduldig, sie wollte sich endlich vor den Fernseher legen, also verließen wir das Haus. Ich war noch müder, als ich gedacht hatte, und musste am nächsten Tag früh raus. Ich fragte mich, was ich da eigentlich tat. Trotzdem ging ich mit Johannes in eine Kneipe und wir tranken Kaffee. Ich weiß nicht, wann ich das letzte Mal in einer Kneipe etwas anderes als Alkohol bestellt habe, denn meist gehe ich mit meinen Freundinnen aus, die alle viel trinken. Johannes war Sportler, er rauchte nicht und trank keinen Alkohol. Dafür wurde er immer unterhaltsamer. Er sprach viel von dem Abend in Stuttgart, an dem er bei mir übernachtet hatte. Und von mir, ich schien ihn beeindruckt zu haben. Das schmeichelte mir, hatte ich das alles doch schon lange vergessen.

Nach zwei Milchkaffees sind wir zu mir gegangen, mein Kind schlief ja bei Andi und ich konnte Johannes ja schlecht nach Hause schicken. Wir alberten noch ein bisschen in der Küche herum, dann sagte ich: »Lass uns mal bettfertig machen.« Typisch Mama halt.

Nacheinander gingen wir ins Bad. Als ich fertig war und im Nachthemd mein Zimmer betrat, lag Johannes schon auf meiner Matratze. Ich hatte ihm zwar auch eine Decke aufs Sofa gelegt, doch war es dort so unbequem, dass ich ihn gut verstehen konnte. Also löschte ich das Licht und schlüpfte zu ihm unter die Decke.

Er rückte näher an mich ran, was mir auch gefiel, bis ich merkte, dass er nur ein T-Shirt, aber keine Unterhose trug. Igitt. In Shorts, aber ohne T-Shirt ins Bett zu gehen, dafür hätte ich volles Verständnis gehabt, aber nur Shirt fand ich unangenehm. Ich spürte die ganze Zeit seinen Schwanz an meinem Rücken. Er streichelte meinen Nacken und wir haben ein bisschen geschmust.

Dazu muss ich vielleicht erklären, dass ich schon wirklich lange keinen Mann mehr mitgenommen habe. Einerseits war ich völlig ausgehungert, andererseits fehlten mir die nötige Routine und Gelassenheit. Johannes gefiel mir, er war muskulös und sah gut aus. Sein Körper verströmte eine angenehme Wärme, so dass ich sogar das Fenster geöffnet lassen konnte. Die kühle Nachtluft tat gut. Aber mir war klar, dass heute nichts mehr laufen würde, ich war viel zu müde. Also sagte ich: »Ich muss jetzt schlafen, ich hoffe, das ist okay für dich.«

Dann drehte ich mich um.

Johannes rückte nach kurzer Zeit wieder an mich ran, umarmte mich, und dann passierte es. Er drückte seinen Unterkörper zweimal gegen meinen … und kam! Er spritzte mir einfach zwischen die Beine, so dass sein Sperma mein Nachthemd durchnässte.

Unglaublich! Wir sind ja nicht mehr im Kindergarten, wo so etwas durchaus passieren kann. Was wäre denn gewesen, wenn ich mit ihm geschlafen hätte? Wahrscheinlich wäre er in mich eingedrungen und im gleichen Moment gekommen. Ich hätte ihn umgebracht! Wahrscheinlich ist er schon gekommen, als er mich angerufen hat!

Ich war zu müde, um irgendwas dazu zu sagen, also drapierte ich das nasse Nachthemd so, dass es mich nicht mehr berührte und schlief sofort ein. Kurze Zeit später erwachte ich, weil Johannes sich wieder gegen mich drückte. Er presste seinen Unterkörper – viermal diesmal – gegen meine Beine und spritzte erneut ab. Dann streichelte er über meine Haare, drückte mir einen Gute-Nacht-Kuss auf den Nacken und schlief ein.

Am nächsten Morgen verschlief ich. Ich hatte einen wichtigen Termin und konnte mir überhaupt nicht erlauben, zu spät zu kommen. Fluchend sprang ich auf und rannte durchs Zimmer. Johannes gab murmelnde Geräusche von sich und rekelte sich dann genüsslich.

»Trinken wir noch einen Kaffee zusammen?«, fragte er mich fröhlich.

»Keine Zeit«, knurrte ich.

Er gähnte übertrieben und machte Anstalten, ebenfalls aufzustehen, also fischte ich schnell Jeans und Pulli aus meinem

Schrank, verließ das Zimmer und zog die Tür hinter mir zu. Er würde sicherlich auch alleine zurechtkommen.

Dann lief ich hastig ins Büro. Ich hoffte, Johannes würde sich ebenso schnell verpissen, wie er gekommen war.

KEINE LEICHTE AUFGABE

Antonia (28), Drogistin, Hamm
über
Leon (27), Kameramann, Hamm

Vor ein paar Jahren war ich das erste Mal auf einem Festival. Das »Hurricane« fand auf einem Wald-und-Wiesen-Gelände zwischen Hamburg und Bremen statt. Das Line-up gefiel mir damals sehr, Massive Attack, Marylin Manson und im Nebenzelt auch noch Faithless mit Live-Band.

Ich hatte mich mit einigen Freunden auf dem Festival verabredet, unser Abitur lag ein Jahr zurück und die meisten hatten sich bereits in ganz Deutschland verteilt, um zu studieren oder sich selbst zu finden oder erst mal gar nichts zu machen. Ich war ohne Studienplatz nach Hamburg gezogen. Mein Exfreund wollte auch zum »Hurricane« kommen, und das war okay für mich, unsere Trennung ein halbes Jahr zuvor war einvernehmlich und unspektakulär verlaufen.

Nach und nach trafen wir auf dem Festival-Gelände ein, mein alter Freund Thomas hatte als erfahrener Festival-Besucher bereits ein Zeltareal für unsere Gruppe abgesteckt und es erfolgreich gegen Fremde verteidigt. Die Sonne schien, es war sehr warm. Nachdem sich alle begrüßt hatten, begannen wir mit dem Feiern. Wir tanzten, tranken Bier aus Plastikbechern, drängelten uns zur Bühne vor, ruhten uns zwischendurch aus und bekamen fast alle einen Sonnenbrand. Leon, mein Exfreund, blieb viel in meiner Nähe. Das gefiel mir, er erzählte vom Studium in Heidelberg, ich von unseren Partys am Elbstrand. Als es langsam dunkel wurde, trafen sich die meisten bei den Zelten, um sich kurz zu sammeln und auf die Abendkonzerte vorzubereiten. Schon hier knutschten Leon und ich ein bisschen rum, niemand sagte etwas dazu, für die anderen waren wir ja schon immer zusammen gewesen. Leon sah toll aus, andere Klamotten, andere Frisur, alles neu und gleichzeitig schön vertraut. Der Abend ging weiter, wir alle trafen und verloren uns ständig in der Menschenmenge. Ich wurde immer betrunkener und tanzte mit Leon oder saß auf seiner Schulter und schaute den Bands zu. Nach einem erfolglosen Versuch, ins Nebenzelt zu Faithless vorzudringen, machte ich gegen 23 Uhr langsam schlapp. Ich trank seit dem frühen Nachmittag Bier und hatte vermutlich zu viel Sonne abbekommen. Leon führte mich zum Zeltplatz zurück, wir hatten Mühe, im Dunkeln den Weg zu finden. Betrunken brach ich auf meiner Isomatte zusammen, Leon legte sich neben mich. Wir schmusten ein wenig und zogen uns gegenseitig aus.

Ich hatte schon Lust zu ficken, obwohl der Schlafsack klamm war und es langsam ziemlich kühl wurde. Allerdings musste ein Kondom her, da ließ ich nicht mit mir reden. Leon meinte, er hätte vielleicht welche in seinem Rucksack. Er seufzte und machte sich auf den Weg zu seinem Zelt. Ich hörte ihn draußen stolpern und fluchen. Seine Suche dauerte ewig und blieb erfolglos. Ratlos hockte Leon im Zelteingang, wahrscheinlich blickte er mich flehentlich an, aber im Dunkeln war das schwer zu sagen. Mein Vorschlag, wir könnten doch auch nur ein wenig rummachen, muss auf ihn wie eine Drohung gewirkt haben. Mit neuer Energie verkündete er, mal bei unseren Nachbarn zu fragen. Ich wartete.

Die Musik von der Hauptbühne machte Schlaf unmöglich und es war auch erst Mitternacht. Irgendwann kam Leon mit einem einzelnen Kondom wieder, er hatte sich zwar einiges anhören müssen, aber schließlich hatte sich doch jemand erbarmt. Mir war mittlerweile sehr kalt und Leon offensichtlich auch, es dauerte ewig, bis er eine Erektion und ich wieder Lust hatte. Leon zog das Kondom über, beugte sich über mich und dann ging draußen das Geschrei los. Unseren Freunden war es langweilig geworden, lautstark wurde der »gemütliche Teil« des Abends und damit der Rückzug in unsere Zeltburg eingeläutet.

Angespannt lauschten wir, während Leon sich Mühe gab, bei der Sache zu bleiben. Als ich Lauras Stimme hörte, wurde ich hektisch, Laura wohnte nämlich auch in meinem Zelt. Schon erschien ihr Kopf im Zelteingang, ich kicherte nervös und Leon legte sich entnervt auf den Rücken, die Hand schützend um das wertvolle Kondom gelegt. Laura entschuldigte sich für die Störung, wollte aber trotzdem ihren Pullover haben. Als sie endlich weg war, setzte sich Leon auf. Ich machte Licht mit einem Feuerzeug; Leon blickte zweifelnd auf seinen Schwanz. Kondom und Schwanz waren in sich zusammengefallen. Ich zog es vollständig runter, reichte es Leon und blies ihm einen. Leon saß da und hielt das Kondom vorsichtig zwischen Daumen und Zeigefinger. Als er wieder hart war, zwängte er sich in das abgerollte Präservativ. Keine leichte Aufgabe, die Technik ähnelt dem Anziehen von Strumpfhosen. Aber es war ohnehin vergebliche Mühe, wir waren schon zum Gesprächsthema geworden. Und da unsere Freunde alle betrunken waren, fehlte es natürlich an jeglichem Taktgefühl.

Deutlich wurde draußen über unser Treiben gerätselt und diskutiert. Daniel und Alexander bereiteten unseren Versuchen, wieder in Stimmung zu kommen, gnädigerweise ein Ende, als sie johlend am Zelt rüttelten. Sie wollten Leon zum Biertrinken abholen. Leon fing an zu lachen und ich war froh, dass wir uns so gut kannten und das Ficken einfach auf ein anderes Mal verschieben konnten. Es war ja eh zu kalt. Außerdem hatten unsere Freunde offensichtlich Sehnsucht nach uns. Also kletterten wir raus und feierten weiter.

Ich war seit damals noch oft auf Festivals, mittlerweile vor allem elektronische Musik. Meistens hatte ich meinen Freund dabei und außerdem ausreichend Kondome. Sex im Freien habe ich auch ein paar Mal probiert. Aber mein Verhältnis zu Sex und Camping bleibt gespalten. Passt irgendwie nicht zusammen.

Erst mal das Sperma abduschen

Saskia (25), Studentin, Amsterdam
über
Ajola (22), Studentin, Amsterdam

Zum Glück habe ich zu diesem Thema eigentlich nicht viel beizutragen, ich halte Sex für überbewertet, es lebt sich besser ohne. Ich weiß nicht, warum so viele Menschen solch ein Gewese darum veranstalten. Von diesen Auswirkungen handelt meine Geschichte.

Nach der Schule habe ich ein Semester in einer kleinen Stadt in der ostdeutschen Provinz studiert. Eine Freundin hatte dort einen Studienplatz und ich bin einfach mitgegangen. Ich habe mich für irgendeinen NC-freien Studiengang eingeschrieben. Damals dachte ich, egal, Hauptsache, weg von zuhause und Hauptsache, ich habe ein eigenes WG-Zimmer. Doch das war ein Fehler. Die Stadt war ein Alptraum, meine Mitbewohner waren mir von Anfang an feindlich gesinnt, und ich habe es nie geschafft, dort länger als montags bis donnerstags auszuharren.

Es gab im Umkreis überdurchschnittlich viele Nervenkliniken, was ich nicht erstaunlich fand. Wenn ich sonntagabends gegen 21 Uhr mit dem letzten Zug am Bahnhof ankam, warteten schon mehrere Busse, um die Irren nach ihrem Wochenendausgang zurück in die Anstalten zu bringen. Es war so deprimierend, dass ich oft gerne mit eingestiegen wäre, um mich sedieren zu lassen.

Stets positiv hervorgehoben wurde eine soziale Einrichtung, die aufgrund der ebenfalls überdurchschnittlich hohen Vergewaltigungsrate ins Leben gerufen worden war: ein Taxi, mit dem Frauen nach 18 Uhr umsonst fahren konnten. In dramatischen Rottönen gehaltene Plakate warben an jeder Ecke dieser idyllischen Ortschaft für das Frauentaxi und warnten die weibliche Bevölkerung davor, sich alleine auf den Straßen zu bewegen. Da ich kein Geld, aber auch keine Lust hatte, stundenlang auf das Sammeltaxi zu warten, rannte ich meist so schnell ich konnte nach Hause, wobei mein Weg von nicht weniger als sieben dieser beunruhigenden Plakate geziert war.

Doch ich schweife zu sehr ab. Nach drei wirklich furchtbaren Wintermonaten lernte ich Ajola kennen. Auch sie hetzte stets im Laufschritt über die Straßen, nur um sich möglichst schnell wieder zuhause verbarrikadieren zu können. Zuerst verbanden uns Eskapismus und die Abscheu, die wir für unsere Umwelt empfanden, doch während wir uns von nun an gemeinsam verkrochen, freundeten wir uns an. Ajola kam aus einem winzigen Dorf, war sehr offen und manchmal ein wenig naiv. Nicht selten hätte ich ihr dann gerne den Mund zugehalten, doch sie besaß auch einen besonderen, trockenen Humor, mit dem sie mich oft zum Lachen brachte. Sie war meine Rettung, jetzt wendete sich alles zum Guten.

Ajola hatte einen Studienplatz für Kunstgeschichte in Amsterdam, und ich war sofort begeistert von der Idee, sie zu begleiten. Amsterdam ist die wunderbarste Stadt der Welt und ich war fest entschlossen, mich nicht mehr mit weniger zufrieden zu geben. So bezog ich im Sommer 2006 mit meiner Freundin, die reiche Eltern hatte, eine wunderschöne Altbauwohnung in der südlichen Altstadt. Ich hatte mir nie viele Gedanken gemacht, was ich nach dem Abi so tun wollte. Es ist mir eigentlich nie gelungen, weiter als bis zur Abendplanung vorauszudenken, doch hätte ich von irgendetwas geträumt, hätte ich mir meine Zukunft nicht rosiger ausmalen können.

Unser Zusammenleben verlief in vollkommener Harmonie. Ajola räumte auf, ich ging einkaufen und kochte. Tagsüber lagen wir im Bett und sahen Talkshows oder saßen in der Küche, rauchten und ich strickte. Ab und an besuchten wir die Uni, doch auch wenn wir jetzt in einer wunderschönen Stadt lebten, gingen wir bei Tageslicht noch immer nicht allzu oft vor die Tür. Wir waren glücklich. Nur manchmal, wenn unsere Eltern uns per Telefon mit ihren Zukunftsängsten quälten, wünschten wir, wir wären schon alt und keiner würde mehr erwarten, dass wir irgendetwas Besonderes leisteten. Dann studierten wir die Jobanzeigen in der Zeitung, dachten über »Heimarbeit« nach und fragten uns, ob es wohl ausreichen könnte, zuhause Kugelschreiber zusammenzuschrauben.

Doch nach ein paar Monaten traten die ersten Veränderungen bei meiner Mitbewohnerin auf. Man hatte sie auf der Straße angesprochen, ob sie bei einer Fotokampagne mitmachen wolle. Es ging um die Ankündigung eines holländischen TV-Moderators. »Huub kommt« sollte das Plakat verkünden, dazu Ajola, der eine spermaähnliche Flüssigkeit aus dem Mund rann. Stolz erzählte sie mir davon. Es war nicht das Honorar von 3000 Euro, sie fand die Vorstellung toll, ihr Gesicht überall in der Stadt zu sehen. Ich konnte das nicht nachvollziehen und war heilfroh, als die Kampagne im letzten Moment wegen des Vorwurfs der Perversität eingestellt wurde. Enttäuscht saß Ajola, um 3000 Euro reicher, am Küchentisch, die Spermafotos vor sich ausgebreitet.

Der Verfall nahm seinen Lauf. Meine Freundin hatte die Attraktion entdeckt, die sie auf ihre Umwelt ausübte, und lief von nun an ständig zu Castings, lernte neue Leute kennen und brachte immer öfter fremde Menschen mit nach Hause. Unsere gemeinsamen Talkshow-Nachmittage wurden immer seltener und ich sorgte mich um unser friedliches und geruhsames Zusammenleben.

Denn auch die freie Liebe übte einen bisher unbekannten Reiz auf sie aus, und so kam Ajola immer öfter erst morgens nach Hause, legte sich ungeduscht und klebrig neben mich oder ging gleich in ihr Zimmer, was mir stets einen Stich versetzte. Fast jeden Tag zählte sie mir neue Namen von Verehrern auf, die sich um ihre Gunst bemühten. Mir gefiel das nicht, ganz und gar nicht. Allein beim Zuhören geriet meine Flora durcheinander.

Ich adoptierte eine Katze aus dem Tierheim, die alt und dick war und nun statt Ajola neben mir im Bett lag.

Ajola änderte ihren Stil, der vorher angenehm bieder gewesen war. Ihre vorbildlich weißen Blusen und schnabelförmigen Schuhe wurden durch hautenge Tops und High-Heels ersetzt und die pflegeleichte Baumwollunterwäsche durch ungesundes Satin in aufdringlichen Farben. Mir dagegen gefiel mein Leben so wie es war und ich wollte keine männlichen Unruhefaktoren darin haben. Einmal habe ich doch jemanden im Minnesangseminar kennengelernt, einen verschüchterten Philosophiestudenten namens Karl, der etwas rührend Unbedarftes an sich hatte. Wir saßen mittags in der Küche und tranken Tee, als Ajola überraschend die Wohnungstür aufschloss. Sie sah aus, als käme sie geradewegs von einer Orgie, zwei Knöpfe ihrer durchsichtigen Bluse waren abgerissen, verschmierte Make-up-Reste über ihr Gesicht verteilt und ihre Haare standen verfilzt vom Kopf ab. Karl starrte sie an wie einen Geist. Als wäre nicht schon alles schlimm genug, machte sie in völliger Fehlinterpretation der Situation einen der derben Scherze, die sie sich in letzter Zeit angewöhnt hatte:

»Hey, ihr Süßen, ich komme gleich, muss erst mal das Sperma abduschen!«

Trotz meiner Beteuerungen, dass ich diese Irre gar nicht kenne, hat Karl mich nie wieder besucht. Dafür waren nun immer öfter junge Männer anwesend, die nackt durch den Flur rannten, ihre Haare in der Dusche verloren, die Wohnung mit Marihuanarauch füllten und alles schmutzig machten. Ich wagte kaum mehr, mein Zimmer zu verlassen.

»Manchmal denke ich, du bist meine Mutter!«, sagte Ajola, wenn ich Bedenken über das Chaos äußerte, in dem unsere kleine Welt versank. Dann schwieg ich meist schnell, was sollte ich dazu auch sagen?

Nach etwa vier Monaten erhielt Ajola einen Anruf von einem Barkeeper. Er war dabei, sein Telefonbuch durchzugehen, da er leider eine unangenehme Mitteilung verbreiten musste. Ich tröstete meine Freundin, Tripper ließe sich heutzutage doch ganz leicht mit Antibiotika behandeln. Insgeheim jedoch sorgte ich mich, dass dies vielleicht nicht das einzige Siechtum war, das hier Einzug erhielt, und schrubbte tagelang alles mit Sagrotan, um Pest und Maul- und Klauenseuche entgegenzuwirken.

Ajola sammelte eine Mädchenclique um sich, laute, liederliche Gestalten, die das Telefon blockierten und wie selbstverständlich bei uns aus und ein gingen. Ich fühlte mich nicht mehr wohl und auch Ajola legte verdrießlich die Stirn in Falten, sobald ich mein Zimmer verließ. Wir hätten so glücklich sein können, doch das unbändige Sexualleben meiner Freundin setzte unserer gemeinsamen Zeit ein unausweichliches Ende. Ich musste aus der schönen Wohnung ausziehen, doch fand ich bald ein kleines Zimmer bei einem ältlichen Ehepaar, in dem ich mich bis heute sehr wohl fühle. Ich habe neue Freunde an der Uni gefunden, nette und unverdorbene Menschen. Ajola und ich sehen uns nicht mehr, obwohl ich sie manchmal vermisse.

DIE AUTORIN

Mia Ming wurde 1977 im beschaulichen Rheinland geboren. Ihre Eltern wünschten sich eine erfolgreiche Anwältin und aufopfernde Ehefrau mit zwei Kindern und Reihenhaus in Bad Godesberg. Sie bekamen eine kettenrauchende Nachtschwärmerin von zweifelhafter Moral mit zwielichtigen Freunden, wechselnden Liebschaften und einer WG im Prenzlauer Berg. Wir sind darüber sehr froh.

Nach ihrem Studium der Literaturwissenschaften und Kunstgeschichte arbeitete sie 5 Jahre als Lektorin in einem Verlag. Sie kennt viele Leute, hat kaum Feinde und nie Probleme mit Türstehern. Tagsüber schläft sie, nachts schreibt sie oder läuft auf der Suche nach neuen Abenteuern durch die Straßen Berlins. Viele Menschen finden sie seltsam, manche halten sie für gefährlich, aber keiner kann besser zuhören, da sind sich alle einig. Ob Lesung, Vernissage oder Club – Mia Ming ist stets ganz Ohr, wenn der Smalltalk in ein Flüstern übergeht ...

Ebenfalls von Mia Ming erschien »Schlechter Sex 2«, in dem sie 33 Männer zu Wort kommen lässt. Der dritte Band ist derzeit in Vorbereitung, denn die Frauen haben noch längst nicht alle katastrophalen Erlebnisse berichtet. Wenn Sie Ihre Geschichte vom schlechten Sex erzählen oder einen Leserbrief schreiben wollen, senden Sie bitte eine E-Mail an schlechter.sex@schwarzkopf-schwarzkopf.de.

Mia Ming: SCHLECHTER SEX
33 Frauen berichten über ihre lustigsten, peinlichsten & absurdesten Erlebnisse
ISBN 978-3-89602-814-3 | 6. Auflage November 2010
© bei Schwarzkopf & Schwarzkopf Verlag GmbH, Berlin 2009. Alle Rechte vorbehalten. Dieses Werk ist urheberrechtlich geschützt. Jede Verwendung, die über den Rahmen des Zitatrechtes bei korrekter vollständiger Quellenangabe hinausgeht, ist honorarpflichtig und bedarf der schriftlichen Genehmigung des Verlages.

KATALOG

Wir senden Ihnen gern kostenlos unseren Katalog
Schwarzkopf & Schwarzkopf Verlag GmbH / Abt. Service
Kastanienallee 32 | 10435 Berlin
Telefon: 030 – 44 33 63 00 | Fax: 030 – 44 33 63 044

INTERNET | E-MAIL

www.schwarzkopf-schwarzkopf.de
info@schwarzkopf-schwarzkopf.de